斯・里德爾 著
Riedel)

極權歷史的
三張面具

拉瓦爾、奎斯林與佛朗哥的選擇與審判，極權記憶中的現代鏡像

THE THREE MASKS OF
AUTHORITARIAN HISTORY

他們曾是權力的化身，如今卻成為歷史的警鐘；
當極權重構現代語言，我們該如何辨識與抵抗？

目錄

序論　在極權的陰影下：我們為何還要談佛朗哥、拉瓦爾與奎斯林？

第一部：極權之路的開端

第 1 章　歷史的裂口：戰爭與危機的交織 ……………011
第 2 章　國族幻影與強人召喚 ………………………… 029

第二部：三位人物的崛起軌跡

第 3 章　佛朗哥：從軍人到獨裁者 …………………… 055
第 4 章　拉瓦爾：從社會主義者到賣國者 …………… 077
第 5 章　奎斯林：北歐的納粹代理人 ………………… 099

第三部：統治結構與國家重構

第 6 章　體制設計與領袖合法性 ……………………… 123
第 7 章　經濟控制與社會動員 ………………………… 147

目錄

第四部：合作者與抗拒者

第 8 章　向法西斯靠攏的過程與代價⋯⋯⋯⋯⋯⋯ 173

第 9 章　抵抗與分裂的內部力量⋯⋯⋯⋯⋯⋯⋯⋯ 195

第五部：崩解、審判與歷史記憶

第 10 章　軍事失敗與政權瓦解⋯⋯⋯⋯⋯⋯⋯⋯⋯ 219

第 11 章　審判與轉型正義⋯⋯⋯⋯⋯⋯⋯⋯⋯⋯⋯ 239

第 12 章　法西斯的遺緒與當代警示⋯⋯⋯⋯⋯⋯⋯ 259

尾聲　歷史不會寬恕沉默者

譯後記　臺灣處境下的制度韌性與極權防線：
　　　　歷史鏡像中思辨

附錄

序論
在極權的陰影下：
我們為何還要談佛朗哥、拉瓦爾與奎斯林？

　　二十世紀上半葉，是人類歷史中最劇烈與最殘酷的時代之一。這是一段由兩次世界大戰所夾擊的年代，也是一段政治秩序崩壞、制度信仰動搖、價值標準顛覆的時期。在這樣的歷史斷裂中，許多曾被視為文明進步象徵的社會──歐洲的民主國家──卻選擇了背離自由、擁抱極權。他們或主動、或被動地放棄多元制度與法律保障，轉而投向那些能夠提供「簡單答案」與「強人秩序」的領袖懷抱。

　　這樣的選擇，不僅改變了歷史的走向，也形塑了後世我們對「極權」、「合作者」與「道德責任」的認知。本書的主角──佛朗哥、拉瓦爾與奎斯林──便是這個斷裂時代最具代表性的三個面孔。他們來自不同國家、擁有不同背景與性格，卻都在歷史洪流中選擇了與極權為伍，成為法西斯體制的構築者、合作者或代理人。他們既是個人，也是歷史的投影；他們的選擇，不僅改變了一國之命，也向我們提出一個永恆的問題：當秩序

序論　在極權的陰影下：我們為何還要談佛朗哥、拉瓦爾與奎斯林？

與自由發生衝突，我們該如何抉擇？

選擇這三位人物作為並置書寫的對象，是出於一個重要的觀察：歷史上對於極權政體的研究，多半聚焦於元凶（如希特勒、墨索里尼、史達林），而對那些在其周邊運作、協助或模仿的「次級領袖」討論相對不足。佛朗哥並未加入軸心國，卻在德義兩國軍援下建立了長壽的軍事獨裁體制；拉瓦爾曾是社會主義者，卻在德國占領法國時成為維琪政府中最積極的合作者；奎斯林則不只是納粹的追隨者，更主動邀請希特勒出兵，幫助他實現統治挪威的政治妄想。

三人所處國情不同，結局也大異其趣：佛朗哥自然死亡，政權延續至1975年；拉瓦爾與奎斯林則在戰後被審判處死。這樣的對比讓我們不得不思考：什麼樣的條件讓一種極權得以延續？又是什麼使得某些合作者遭到全面清算，而另一些則在制度中遺留下隱性遺緒？

本書採用政治人物傳記、制度分析與社會記憶交織式的寫法，試圖跨越「偉人論」與「結構論」的二元分野。佛朗哥、拉瓦爾與奎斯林並非單純的惡棍或受害者，他們在不同階段做出了選擇，而那些選擇正反映了當時制度的空洞、人民的焦慮與國際局勢的錯綜複雜。透過對他們生命歷程、政治策略、統治體系與最終崩潰的分析，我們得以更清楚地看見極權政體如何在歷史條件中逐步成形，也更能理解：極權不是突然出現的，它是社會集體選擇與制度長期失能的總和。

此外，本書也希望連結歷史與當代的脈絡。當我們今天談論民粹主義、強人政治、資訊操控與民主疲乏時，是否正再次重複一個世紀前的歷史節奏？當政治人物開始將「國族」凌駕於法治之上、將「人民的憤怒」作為專斷的正當性、將「敵人」定義為不同政見者時，我們是否已走在極權復辟的臨界點？本書不只是歷史分析，更是一種歷史預警：要理解當代的危機，必須回到那三位領袖曾走過的路。

　書名之所以為《極權歷史的三張面具》，不是為了將三人定型為絕對的惡，而是提醒我們：法西斯主義不是一種絕對的形態，它是變形的、彈性的、隱蔽的。它可以以軍人之名出現，也可以化身為行政官僚，甚至是披著改革外衣的政黨領袖。它不總是喊口號，也可能以沉默與效率為正當性；它不總是訴諸暴力，也可能以順從與法律的名義滲透社會。這三張面孔，不只是三個人，更是三種危險的治理樣態：軍人拯救者的誘惑、政治務實派的墮落，以及附庸者的自願背叛。

　寫作本書的另一個動機，是關於記憶與責任。我們常說歷史是勝利者書寫的，但在極權體制的歷史中，更多時候，是沉默者、合作者、犧牲者共同構成了歷史的空白。佛朗哥的政權因為未被清算，其暴力與壓迫歷史至今在西班牙仍爭議不斷；拉瓦爾的審判未能處理整個官僚與軍事體系的共犯結構；奎斯林雖被清除，卻留下「挪威曾背叛自己」的集體羞愧。這些歷史未竟之業，正提醒我們：沒有真相，就沒有正義；沒有記憶，

序論　在極權的陰影下：我們為何還要談佛朗哥、拉瓦爾與奎斯林？

就沒有自由。

　　本書的章節設計循歷史脈絡而進，從第一次世界大戰與大蕭條的崩潰背景出發，逐步鋪陳法西斯如何從一套意識形態演化為政治現實，再以三位主角為核心，展開統治機制、社會動員、戰爭選擇、政權瓦解與歷史清算的全景敘述。最後一章則回返當代，從過去的殘影出發，思考今日民主制度所面對的挑戰與脆弱性。

　　本書既寫給歷史學者，也寫給關心社會與制度的讀者；既是對一段過去的回望，也是對當代政治的反省。願我們在這三張面孔中，看見的不是過去的錯誤，而是現在的選擇與未來的責任。

第一部：
極權之路的開端

　　極權體制的誕生，從不是偶然的災難，而是一連串制度裂縫、社會恐懼與政治選擇交織的結果。《第一部：極權之路的開端》將以 1914 年至 1939 年間的歐洲為歷史舞臺，揭示第一次世界大戰如何摧毀既有秩序、凡爾賽體系如何埋下不滿種子，而經濟大蕭條與民主制度疲乏又如何為極端主義創造溫床。

　　以跨國比較視角，分析法西斯主義在義大利、德國、西班牙、法國與北歐的擴張與變形，並非將其視為孤立的歷史事件，而是探討其背後的政治敘事、群眾動員、敵我邏輯與領袖魅力的建構。佛朗哥、拉瓦爾與奎斯林在這樣的時代裂縫中各自登場，不是歷史錯位的意外，而是時代的產物與反映。

　　極權的誕生不止於制度崩壞，而在於語言的墮落、仇恨的正常化與恐懼的政治化。當社會對未來失去信心時，人們更傾向信任強人、接受服從、懷疑自由。

　　透過鋪陳，讀者將理解：極權不是突如其來的暴政，而是無數個沉默、讓步與妥協堆疊而成的歷史坡道。我們對這段歷史的回顧，不只是對過去的反省，更是對當下脆弱民主的預警。

第一部：極權之路的開端

第 1 章

歷史的裂口：戰爭與危機的交織

當 1918 年第一次世界大戰落幕時，歐洲並未迎來真正的和平，而是步入了一個充滿破碎希望與危機預兆的年代。巴黎和會雖名義上重建了歐洲秩序，實則是以懲罰與控制為邏輯，構築了一座失衡的政治建築。這座建築正是日後極權主義蔓延的斷裂點──一條歷史的裂口，從未真正癒合。

凡爾賽條約作為戰後最具象徵的產物，不僅迫使德國承擔全部戰爭責任，還強制其賠償、裁軍並喪失領土與殖民地。在勝利者的眼中，這是正義的制裁；但在戰敗者與周邊國家眼中，這則成為屈辱與仇恨的根源。而這份條約的破壞性影響，遠不止德國。義大利作為協約國之一，在戰後卻未能獲得預期的領土與資源，成為了所謂的「勝利被剝奪者」；奧匈帝國和鄂圖曼帝國的瓦解則造成大量民族問題與地緣不穩。整個歐洲變得更加碎片化，也更加危險。

這種碎裂秩序下所醞釀的不滿、憤怒與恐懼，很快在 1929 年全球經濟大蕭條中達到臨界點。股市崩盤、工廠關閉、失業激增，社會秩序開始動搖。經濟學者凱因斯曾警告，當市場自

第一部：極權之路的開端

由放任導致普遍貧困，人民便不再信任「漸進改革」，而會轉向極端的「全面變革」。這時，極端主義者乘虛而入，他們提供一種看似簡單而強力的答案：民族榮耀、強人統治、敵人替罪。

在這種歷史條件下，法西斯主義迅速崛起。它不僅是一種政治制度，更是一種心理感召——將國家意志凌駕於個體自由之上，並用軍事力量與文化象徵打造統一的民族身分。德國的希特勒、義大利的墨索里尼，是這一時期最鮮明的領袖。但在他們之外，還有三位政治人物——佛朗哥、拉瓦爾與奎斯林——分別在西班牙、法國與挪威，走上了類似的極端之路，或主動、或被動，成為法西斯秩序的執行者與合作者。

在西班牙，佛朗哥是一位職業軍人。他的崛起並非源自民選，而是在共和體制動盪與階級衝突失控的背景下，以軍事鎮壓的身分獲得名聲。他代表著西班牙保守勢力對自由主義與工人運動的反撲。1936 年，他發動軍事政變，引發西班牙內戰，並在德義兩國法西斯政府的軍事支援下，最終於 1939 年建立起長達數十年的法西斯政權。他不只是西班牙的獨裁者，更是一個被授權的「國家救世主」——一個以軍人身分為合法性的掌權者。

而在法國，皮耶・拉瓦爾的轉變更為戲劇化。他起初是社會主義者，律師出身，曾為工人與弱勢群體辯護，但在政治現實與個人野心的驅動下，逐步轉向親資本、親德、反共。他的務實主義最終演化為道德投機：1935 年，他代表法國簽下《羅

第 1 章　歷史的裂口：戰爭與危機的交織

馬協定》，在未經國際討論的情況下默許義大利吞併衣索比亞，以此交換對德國擴軍的外交合作。在第二次世界大戰爆發後，他更是進入納粹扶植下的維琪政府，成為協助德國控制法國的代表性人物。他是制度潰散下的政治變色龍，也是「合作主義」的象徵人物。

至於挪威的奎斯林，其名字甚至成為「叛徒」的代名詞。他原是軍官與外交官，接受過高階軍事訓練，也曾在蘇聯與東歐地區從事人道與外交工作。然而他在 1930 年代創建「國家統一黨」，效法納粹政黨模式，並與德國納粹密切聯繫。當 1940 年德軍入侵挪威時，他立即投靠納粹，並宣布自己為新政府首相。雖然並未獲得廣泛支持，卻成為納粹占領挪威的最佳傀儡與工具。他的政治生命，就是對民主制度最深的背叛。

這三人並非孤立的歷史個體，他們的出現正是凡爾賽體系瓦解、大蕭條催化與法西斯擴張的共同產物。他們或許不是理論上的極權創建者，卻是將極權落實於國家層級的實踐者。他們不是以人民授權掌權，而是以混亂為基礎，以外力為後盾，以秩序為口號，逐步蠶食自由與制度。他們所代表的，不只是國家悲劇，更是民主崩潰時期「另一種選擇」的具象化。

值得注意的是，這些極權崛起並非如神話般「從天而降」，而是一步步地合法化、制度化，甚至在部分民意支持下穩固起來。歷史學家與政治哲學家如漢娜・阿倫特與卡爾・波普均指出，極權主義的本質是「自願的服從」——人們為了逃避混亂與

不確定，願意交出自由與多元，換取一個清晰的命令體系與強勢的領導。這正是佛朗哥、拉瓦爾與奎斯林之所以能夠出現的根本原因。

本章揭示的是一個文明危機的交會點——民主未亡，但已搖搖欲墜；秩序尚存，但已無信任；國際制度存在，但缺乏權威。在這個裂縫之中，法西斯的種子開始萌芽，而佛朗哥、拉瓦爾與奎斯林，就是那三株最具代表性的惡果。

他們的出現不是偶然，而是整個時代選擇的縮影。他們不僅讓我們重新審視「極權」的起源，更提醒我們：歷史的裂口不會自動癒合，若缺乏制度修復與公民意志的堅持，它將再度裂開，甚至吞噬我們所熟知的文明。

1-1 第一次世界大戰與凡爾賽體系的缺陷

「這不是一份和平的條約，而是一張復仇的借據。」

——約翰‧梅納德‧凱因斯（John Maynard Keynes）

1918年11月11日，第一次世界大戰在西線停火協議中結束。表面上，這是一場「讓世界結束一切戰爭的戰爭」，但實際上，它為下一場更毀滅性的全球衝突埋下了伏筆。那場戰爭帶走了超過1,600萬條生命，摧毀了四大帝國（德意志、奧匈、俄羅斯與鄂圖曼），但並未成功建立一個穩定與公平的國際新

第 1 章　歷史的裂口：戰爭與危機的交織

秩序。相反地，戰後的和平協議——以《凡爾賽條約》為核心——成為了歷史上最具爭議且後果深遠的政治安排之一。

凡爾賽體系的最大特徵，是對戰敗國（尤其是德國）嚴厲的懲罰性處置。條約第 231 條——俗稱「戰爭罪條款」(war guilt clause)——明確將一戰的全部責任歸咎於德國，作為其賠償與懲罰的正當基礎。德國不僅失去 13％ 的領土（包括亞爾薩斯－洛林）、100％ 的海外殖民地、10％ 的人口與大量工業資源，還被要求支付巨額賠款（總額高達 1,320 億金馬克）。此外，條約強制德國軍隊限縮為 10 萬人，禁止擁有空軍、坦克與潛艇，幾乎徹底解除其軍事能力。

這樣的安排，在戰勝國眼中是正義的懲罰，但在德國社會眼中卻是屈辱性的羞辱與經濟壓迫。無論是保守派還是左翼陣營，幾乎所有德國政治力量都對凡爾賽條約持敵視態度。條約不僅摧毀了德國的國際地位，也破壞了戰後威瑪共和建立之初的正當性基礎。國內輿論普遍認為簽署條約的民主政府是「刀刺在背」的共犯，是出賣民族利益的軟弱政客。這種廣泛的不滿，成為後來極右翼政黨（尤其是納粹黨）成功動員群眾的心理基礎與政治燃料。

而凡爾賽體系本身也極不穩定。它將歐洲地圖重新繪製，建立起一批以民族自決為名但政治現實脆弱的新國家——如捷克斯洛伐克、南斯拉夫、波蘭、波羅的海三國等。然而，這些國家內部往往充滿族群矛盾與政權不穩。而奧匈帝國與鄂圖曼

帝國的瓦解，並未真正帶來區域穩定，反而讓中東與中東歐地區陷入更深層次的政治真空與權力競爭。國際聯盟作為理想中的集體安全機制，在實務上則極為無力，缺乏軍事執行力與強制性，且美國雖發起卻未參與，更削弱其威信。

義大利雖為戰勝國，卻因未獲得戰後所求領土（如達爾馬提亞與阜姆），在民族主義者眼中反而淪為「勝而被剝奪的國家」。這種失落感與羞辱情緒，助長了墨索里尼與法西斯黨的崛起。日本亦對其作為亞洲大國的地位未受重視感到不滿，最終走向軍國主義的擴張路線。而蘇聯作為布爾什維克政權的代表，則被全面排除於凡爾賽體系之外，進一步形成國際孤立，為未來的東西對立奠定基礎。

從宏觀角度來看，凡爾賽體系是一種表面穩定、內部腐蝕的秩序。它未能提供戰後歐洲真正的和解與整合方案，反而深化了戰敗國的怨恨、戰勝國間的不信任與新興國家的不安。經濟重建缺乏統一規劃，通貨膨脹、債務問題與國際資本不穩定逐步惡化，尤其在德國與奧地利造成嚴重社會動盪。而法國與英國因自身戰後重建壓力，對德國採取持續懲罰與剝奪的政策，反而催生了報復主義與極端民族情緒。

這段歷史也證明：和平若無正義，終將引發新的衝突；制度若無彈性，終將走向失控。凡爾賽體系將國際秩序建立在懲罰而非重建上，忽略了國際合作的平衡，也忽視了人民情緒的潛在爆炸性。若說第一次世界大戰是軍事災難，那麼凡爾賽體

系則是一場政治失敗，它未能穩固和平，反而為極權主義、民族主義與復仇主義提供了歷史舞臺。

在這樣的制度斷裂之下，我們便能理解為何佛朗哥能以「秩序重建者」之名獲得保守勢力支持；拉瓦爾如何能將「務實合作」包裝為政治責任；奎斯林又為何能將「民族純潔」當成對抗混亂的口號。這一切，都不單是個人野心的結果，而是凡爾賽體系崩壞後歷史留白所孕育出的政治怪物。

1-2 大蕭條下的極端主義崛起

「在經濟崩潰中，人民不會尋求自由，他們會尋找秩序。」

—— 漢娜・鄂蘭（Hannah Arendt）

1929 年 10 月，華爾街股市的崩盤引爆了全球性的大蕭條。這場經濟災難不是一國之痛，而是整個資本主義世界的系統性崩解：失業、倒閉、糧荒、金融機構瓦解，伴隨而來的是人民對傳統政治菁英的全面失望與憤怒。在歐洲，這場危機進一步放大了戰後體系的不穩定，使得政治中心塌陷，為極端主義提供了快速擴張的舞臺。

在德國，原本已因《凡爾賽條約》而承受經濟重壓的大眾，面對通貨膨脹、失業與社會失序，迅速對溫和中間派失去信心。納粹黨從一個邊緣政黨迅速壯大，利用群眾動員、簡化仇

敵（猶太人、共產主義者、資本家與條約簽署者）來強化自身的正當性。希特勒不是單靠演說登上權力高位的，他的成功，建立在經濟絕望中的民族情緒投射與制度崩解下的領袖崇拜。

這樣的現象並非德國獨有。大蕭條下的人民，不再相信自由市場與議會民主能夠改善現狀，他們轉而尋求更直接、更果斷、更「有力」的政治力量。政治極端化與左右翼對立急速升高，中產階級與無產階級不再是自由主義的緩衝區，反而成為動員的戰場。共產主義與法西斯主義同時崛起，構成「雙重極化」的政治風暴。

在義大利，雖然墨索里尼早於1920年代已建立法西斯政權，但正是在大蕭條期間，法西斯制度獲得更強的社會支持。國家接管工業、協調勞資、強化基礎建設與軍事投資，使其表面上顯得「比自由市場更有效率」。而在西班牙、法國、奧地利、羅馬尼亞與北歐等地，法西斯式政黨或威權主義思潮也以不同形式擴散。人們不再用民主與自由來衡量政府，而是以「誰能讓麵包重返桌上」、「誰能讓街道恢復秩序」作為政治正當性的標準。

佛朗哥的崛起，雖然最終是透過內戰與軍事政變完成，但其背景中所蘊藏的社會焦慮，正是大蕭條所擴大的階級衝突與城市混亂。在1930年代初的西班牙，共和體制在土地改革、工人權益、教育現代化上動輒得咎，保守派視其為顛覆秩序的左翼陰謀，而貧民則認為改革太慢、太弱。這樣的雙重不滿使西

第 1 章　歷史的裂口：戰爭與危機的交織

班牙社會陷入激進化循環，最終導致軍人與教會聯手支持「反亂軍」，將佛朗哥推上歷史舞臺。

拉瓦爾則提供了一種「溫和菁英如何墮落」的範本。他原本是社會主義背景出身的改革者，但在經濟危機中逐步轉向穩定秩序與財政紀律，最後甚至將「合作」視為保存國家命脈的必要手段。他在戰後審判中辯稱：「我不是背叛者，我是為了不讓法國徹底崩潰才選擇與德國談判。」這句話或許不為人接受，但它反映了經濟崩壞下政治現實主義的自我合理化。

奎斯林的背景則更加鮮明。他早期投身國際人道工作與軍事外交，原本有機會成為一名保守但中立的政治人物，但當大蕭條打擊挪威經濟、農村破產、社會兩極化時，他選擇建立仿效納粹的「國家統一黨」，主張挪威應恢復北歐日耳曼秩序，驅逐資本家與外來文化影響。他的政治語言不再是關於法治或制度改革，而是關於「民族救贖」、「重建精神紀律」與「反抗軟弱的民主」。

大蕭條的殘酷不只在於經濟數字，而在於它如何摧毀人民對於政治妥協、制度穩定與多元社會的信任。在這樣的社會心理背景下，強人政治獲得魅力，而極端主義被賦予「必要的代價」。當溫和者退場，瘋狂者就會進場；當民眾厭倦了討論，他們便會選擇命令。

這一時期的民主崩潰，常被稱為「宰制式動員」的高峰——人民不是被壓迫接受極權，而是在恐慌中主動擁抱它。這點，

第一部：極權之路的開端

正是極權主義與傳統獨裁最大的差異。希特勒、佛朗哥、奎斯林與拉瓦爾所代表的，不只是暴力統治者，而是社會恐懼的具象化。

理解這一點，我們才能從歷史中學會辨識今日世界的危機徵候。當我們看到某些政治人物在經濟困局中呼籲「強人領導」、攻擊媒體、敵視移民、削弱司法與言論自由時，我們就該警覺：那個「大蕭條下的極端主義」，從未真正消失，它只是等待下一次機會。

1-3 民主崩潰與軍人崛起的溫床

「當政黨彼此仇視，制度癱瘓時，軍隊便自視為國家的最後防線。」

—— 卡爾・施密特（Carl Schmitt）

注：雖具爭議，其洞察亦值得分析

第一次世界大戰後，歐洲掀起了一波民主化浪潮，王室倒臺、君主立憲制轉型、議會制度廣泛建立。從德國的威瑪共和、西班牙的第二共和、奧地利的第一共和，到法國第三共和的延續，表面上看似民主制度正在擴展。然而，這些新興或脆弱的民主政體，往往缺乏穩固的制度基礎、成熟的政黨文化與具備妥協能力的政治菁英，使得它們一遇經濟與社會危機，便迅速

第 1 章　歷史的裂口：戰爭與危機的交織

陷入僵局與癱瘓。

威瑪共和便是最典型例證。它雖然在憲法設計上極為先進（普選、比例代表制、社會權利），卻也因政黨過度分裂、總統制與議會制並存、缺乏信任機制，導致無法有效治理。德國社會中大批保守派、軍人與財團從未真正接受共和體制，更視其為背叛德意志傳統的產物。而類似的現象也發生在西班牙與法國：改革派與保守派相互否定，軍隊、教會與工會無法形成穩定共識，激進勢力趁機擴張，逐漸吞噬中間政治的空間。

在這種制度真空中，「軍隊」作為政治外部的權力系統，逐漸被許多社會階層寄望為恢復秩序的工具。尤其在經濟崩潰與暴力頻發的情況下，軍人被視為不貪汙、不搞政治鬥爭、具效率與紀律的救國力量。這種軍人崇拜思維，無論在保守地主、民族主義者，甚至一部分中產階級中都極具吸引力。正是在這樣的脈絡下，佛朗哥這樣的人物獲得了「比政客更可靠」的社會形象，為日後發動政變鋪平道路。

西班牙第二共和國自 1931 年成立後，即陷入改革與反改革的惡性循環。土地改革得罪地主、教育改革引起教會反彈、軍隊現代化觸及保守軍官利益，而共和派內部又分裂為社會主義、無政府主義、共和自由派與民族分離主義者，難以形成統一治理路線。1934 年阿斯圖里亞斯工人起義被軍隊血腥鎮壓、1936 年人民陣線勝選後引爆的街頭暴力，進一步證明共和體制無法提供穩定。正是在此背景下，佛朗哥與一批軍官認定：軍

隊不只是國防者，更是國家秩序的守護者。

同樣的「制度破裂→軍人介入→民主崩潰」邏輯，也出現在法國與挪威，只是形式不同。在法國，大蕭條與政治兩極化導致政府更迭頻繁、議會無能、極右勢力崛起（如火十字黨、民族革命黨）。面對這樣的政治亂局，不少法國知識分子與官僚開始懷疑共和制度的有效性。當 1940 年德國閃電戰擊潰法軍，政府潰敗時，法國人對「強人」的需求已經充分醞釀，元帥貝當的崛起正是這種情緒的出口。雖然拉瓦爾本身不是軍人，但他選擇與軍政背景的貝當合作，反映了「軍官－文人聯合統治」作為民主崩潰後替代方案的廣泛共識。

而在挪威，雖未歷經激烈內戰或制度崩壞，但奎斯林的崛起仍透露出一種「政黨無效，軍人掌舵」的社會幻想。他本身具備軍事外交背景，並以北歐價值、紀律秩序、反共與民族純潔為政治號召，獲得部分農村與保守基督徒支持。當 1930 年代挪威陷入經濟困境、都市與鄉村矛盾加劇時，奎斯林以「國家重建者」自居，主張廢除多黨制、建立軍人導向的國族體制。他雖未能透過選舉掌權，但當德軍入侵並提供機會時，他的軍人身分與極權理念，使他成為納粹在地代理人首選。

值得注意的是，在這些情境中，「民主崩潰」並非一夕之間，而是一系列累積性斷裂的結果。制度疲乏、政黨互鬥、社會撕裂與外部危機共同推動「軍人入政」成為可接受的選項。民眾不再認為軍隊干政是政變，而是「國家求生」的必要手段。更危險

第 1 章　歷史的裂口：戰爭與危機的交織

的是,當軍人進入政治後,往往伴隨著反制衡體制、媒體管控與思想統一的治理邏輯,從而迅速把原本「救國工具」轉變為「統治機器」。

本節的結論在於:佛朗哥、拉瓦爾與奎斯林雖分屬不同制度與歷史情境,但他們之所以能崛起,不只是因為個人魅力或外部援助,而是因為當時的民主體制本身已經無法對社會矛盾給出回應。而軍人或極端分子之所以獲得舞臺,是因為制度失效後,人民轉向「最不像政客的選擇」──即使那個選擇,最終帶來的不是穩定,而是災難。

1-4 國際秩序的真空與法西斯輸出

「當強權沉默時,狂人會大聲說話。」

──政治評論家　威廉‧夏伊勒(William L. Shirer)

戰後的歐洲,本應在和平協議與國際合作機制下進入新秩序,然而事實卻相反。1920 年代後期至 1930 年代初,全球國際秩序陷入全面失能。美國退出國際聯盟、蘇聯處於國際孤立、英法內政混亂且對外政策搖擺不定。這種多邊體系的無力、領導權的缺席與價值觀的崩潰,造就了一個「全球秩序真空」的時代。而正是在這個真空中,法西斯主義不僅在本國壯大,更成為輸出型意識形態,向周邊與世界廣泛滲透。

第一部：極權之路的開端

1922 年，墨索里尼在義大利建立法西斯政權，這不僅是義大利的轉型，更是全球威權主義的濫觴。墨索里尼不僅致力於國內統治穩定，更積極透過國際宣傳、政黨輸出與文化影響，塑造「羅馬精神的復興」作為對抗資本主義與布爾什維克的中間路線。他透過廣播、外交與文化交流向巴爾幹、西班牙、拉丁美洲與北歐宣揚「法西斯現代性」：強人領導、國族團結、反黨派政治、以國家利益為核心的經濟模式。

而當希特勒於 1933 年掌握德國政權後，納粹德國更將法西斯思想推向全球輸出的高峰。納粹不僅在歐洲建立影響圈，還透過情報、滲透與政黨支持，協助各國親納粹勢力崛起。特別是在那些民主疲弱、社會撕裂的國家，如奧地利、匈牙利、捷克、挪威與西班牙，納粹政府提供資金、策略、意識形態與人脈網絡，扶植地方的法西斯政黨與領袖。「納粹國際」在 1930 年代的擴張，不只是軍事戰略，更是一場政治信仰的輸出計畫。

佛朗哥與義大利、德國的關係是一種戰略聯盟型輸出。1936 年西班牙內戰爆發後，墨索里尼與希特勒迅速提供軍事支援——空軍、坦克、顧問與資金，幫助佛朗哥對抗共和政府。這些援助並非單純出於反共立場，更是法西斯軸心國在西歐擴張影響力的實驗。希特勒更視西班牙為觀察戰術、測試武器、實踐總力戰策略的前哨站。佛朗哥雖非意識形態純正的法西斯分子，但他所建立的政權結構與統治邏輯，無疑深受兩大強權影響：黨國體制、青年組織、國族崇拜、反共言論與「元首中心

第1章　歷史的裂口：戰爭與危機的交織

主義」的政治文化，在其統治下扎根。

拉瓦爾與德國的關係，則是「占領下的合作」型輸出。1940年德軍占領巴黎後，希特勒決定建立維琪政權作為法國的形式統治體制，一方面減輕軍事占領負擔，另一方面擴大對法國社會的控制。拉瓦爾與貝當所領導的政權，名義上保有主權，實則全面執行德國指令。希特勒藉由文化滲透、學術交流與官僚制度重塑，讓維琪政府逐步納粹化：強調反共、反猶、反自由主義，並在教育與輿論上貫徹「國族再生」觀念。拉瓦爾成為納粹政治在法國的執行者，而維琪政權則成為法西斯思想在西歐的殖民平臺。

奎斯林則是最典型的「自願接受法西斯輸出」案例。他不僅崇拜納粹，甚至主動多次訪問柏林，要求希特勒協助他掌權。他模仿納粹組織結構，建立「國家統一黨」，模仿黨衛軍、青年團、納粹儀式與國族語言。當德國入侵挪威時，他幾乎毫無軍事實力支撐，卻提前宣布政府接管，自封總理。德國欣然接受這位「主動合作者」，將其納入占領體系之中。奎斯林政府的一切行為──包括種族迫害、情報協助與文化審查──皆以德國為範本，其治理邏輯根本上是法西斯政治輸出的「複製貼上」。

這些輸出型法西斯合作政權，並非單一事件，而是一種國際政治機制的缺位所引發的現象。當國際聯盟無力制裁侵略、當英法對極權採取綏靖政策、當美國深陷孤立主義，法西斯強

第一部:極權之路的開端

權便成為掌握敘事主導權的國際行為者。他們不僅改寫邊界,更改寫了政治可能性的想像。他們向世界宣稱:自由民主已經過時,只有強人、軍隊與秩序能應對這個動盪的世界。

事實上,這場法西斯的跨國擴張,也讓當代政治學者開始思考一個重要問題:極權政體是否具備「傳染性」?歷史的回答傾向肯定:在制度崩潰與國際失序的交界點,法西斯思潮以其效率、秩序與民族主義色彩,極容易成為危機社會的吸引中心。而一旦有成功範例(如義大利、德國),其輸出就不再是主動侵略,而是一種誘發式模仿與附庸。

第 1 章到此,描繪了整個戰間期歐洲的歷史邏輯:從制度斷裂、經濟崩潰,到強人出現,再到國際真空與極權擴張的全面循環。這個結構性的背景,不僅解釋了佛朗哥、拉瓦爾與奎斯林的崛起,也說明了為何民主的崩潰往往不只發生在國內,而是與世界秩序一同陷落。

戰爭與危機的交織

在第一次世界大戰結束後的動盪時代中,歐洲各國原本嘗試建立和平與民主體制,但凡爾賽條約的懲罰性條款、全球大蕭條的經濟崩潰、民主制度的結構性失能,以及國際社會對極權主義的綏靖態度,最終共同構築出一個極端主義與強人政治

第 1 章　歷史的裂口：戰爭與危機的交織

崛起的歷史條件。

　　佛朗哥、拉瓦爾與奎斯林三人並非歷史異數，而是這個動盪時代的產物。理解他們的出現，必須從結構背景出發，而非僅從個人性格著眼。第 1 章鋪墊了接下來本書對三位主角深入分析的歷史脈絡：不是他們創造了法西斯，而是法西斯時代召喚了他們。

重點整理表格

重點主題	關鍵內容摘要	對本書核心人物的影響
凡爾賽體系缺陷	對德國懲罰性條款、領土喪失、巨額賠款、戰敗國羞辱	為希特勒與法西斯提供仇恨動員基礎，影響奎斯林與佛朗哥的反共、反自由話語框架
大蕭條的衝擊	1929 年華爾街崩盤引發全球失業與資本恐慌	政治極端化、民眾對民主失望，成為佛朗哥、拉瓦爾、奎斯林動員基礎
民主制度崩潰	多黨制混亂、議會無效、軍人與保守派反撲	提供軍人與強人以「秩序名義」進入政治空間的正當性
國際秩序真空	國際聯盟無力、英法綏靖、德義法西斯主動輸出政治與文化	佛朗哥獲德義軍援、拉瓦爾與納粹合作、奎斯林主動迎合成為占領代理人

第一部:極權之路的開端

歐洲戰間期動盪時間軸(1918～1939)

年代	關鍵事件
1919	凡爾賽條約簽訂,重劃歐洲地圖
1922	墨索里尼掌權,義大利成為首個法西斯國家
1929	華爾街股災,全球性大蕭條展開
1933	希特勒上臺,納粹黨全面執政
1936	西班牙內戰爆發,佛朗哥崛起
1940	德國入侵法國,維琪政權成立,拉瓦爾合作
1940	挪威被納粹占領,奎斯林成立傀儡政權

三位主角崛起背景比較圖

項目	佛朗哥（西班牙）	拉瓦爾（法國）	奎斯林（挪威）
出身背景	軍人、殖民地戰爭經驗	法律人、社會黨出身	軍官、外交官
崛起方式	內戰勝利、軍政聯合	協助維琪政府、納粹合作	主動迎合納粹、德軍扶持
國內情勢	共和制度瓦解、階級衝突劇烈	政府瓦解、德軍占領	經濟蕭條、政治失能
法西斯影響	德義軍援與結盟	納粹輸入治理邏輯	直接模仿與複製納粹體制

第 2 章
國族幻影與強人召喚

　　第 2 章聚焦於法西斯政權背後的精神動力與政治召喚，探討「國族」作為幻影式概念，如何在社會動盪中被操弄為政治正當性的來源，進而召喚出強人領袖作為集體希望的寄託。第一次世界大戰與大蕭條不僅重創經濟結構，也摧毀了人民對自由、民主與多元社會的信任。面對失序與焦慮，民族主義成為民眾情感的出口，但這種民族主義並非理性認同，而是情緒化、排他性極強的「國族幻影」——一種建立在歷史神話、族群純潔與敵我劃分上的認同幻象。此類國族幻影提供的並非具體政策，而是一種象徵性的承諾：恢復榮耀、消除混亂、重建秩序。而這樣的許諾，必須有一位可以化身為民族意志的領袖來承載，於是強人政治成為法西斯制度的核心機制之一。

　　佛朗哥、拉瓦爾與奎斯林各自的崛起軌跡，正是這種國族幻影政治的具體展現。佛朗哥作為西班牙保守派軍人，以「拯救西班牙魂」為號召，將共和派、工會、無政府主義者與共產主義者標記為「非西班牙人」，透過軍事行動重建所謂「真正的國族秩序」。他的語言中充斥宗教救贖與國族復興的敘述，讓軍人不

第一部：極權之路的開端

只是行動者，也是民族精神的執行者。拉瓦爾則代表一種更為務實且危險的民族觀，他並非狂熱的種族主義者，而是計算現實的民族機會主義者。面對德國擴張、英法無力制衡的局勢，他選擇以出賣非洲殖民利益、默許納粹行動的方式來「保全法國」，將民族利益轉化為政治談判的籌碼。他的「國族」不是一種激情信仰，而是一種可以交易的現實符號。相較之下，奎斯林則將國族幻影推向極致。他模仿希特勒的整體式民族概念，創建國家統一黨，主張「日耳曼血統的北歐復興」，宣稱挪威被外來勢力與國際資本腐蝕，呼籲重建一個純淨、戰鬥、有紀律的國家。他不僅訴諸國族的危機，也自我定位為民族重生的化身，最終在德國入侵時，毫無懷疑地投入納粹懷抱，自封為首相，實現他幻想中「民族統一」的政治版本。

從這三人的行動軌跡可以看出，所謂的「國族幻影」往往具有高度彈性，它可以是軍事的、宗教的、文化的，也可以是地理的、經濟的、歷史的，但其核心作用在於製造一種危機感與整合感並存的情境，讓群眾相信：我們正被瓦解，必須團結一致；我們必須擁有一個「領袖」來帶領我們重返榮耀。而這位領袖通常是男性、軍人出身、不擅言辭但果敢行動，其權威並非來自制度授權，而是來自象徵性召喚——群眾把希望寄託於他、把焦慮投射於他，也把暴力合法性交付於他。

這正是強人政治的形成邏輯，也是一種民主瓦解的溫床。當國族變成政治敘事的唯一框架，其他社會價值便逐漸邊緣化：

第 2 章　國族幻影與強人召喚

自由被視為軟弱,包容被認為是妥協,反對意見被標記為背叛國家。佛朗哥以「西班牙的靈魂」為名發動清洗,拉瓦爾在維琪政府中以「合作與和平」為由推動大規模遣送猶太人與勞工,奎斯林則以「整合民族力量」的口號建立納粹式青年軍與意識形態控制。國族幻影不僅創造了敵人,也消除了異議,讓強人得以不受限制地延展其權力。

然而,這種強人召喚背後的邏輯也極為脆弱。一旦強人無法兌現其民族復興的承諾,幻影將迅速破滅,政權將變得僵化、暴力、失去正當性。拉瓦爾與奎斯林便是其失敗的典型,前者被審判與處決,後者則成為歷史上叛國的代名詞;佛朗哥雖成功維持統治,但其晚年政權逐漸失去道德與國際支持,在其死後迅速走向民主轉型。這些歷史結果再次提醒:當國族被絕對化、被壟斷化、被個人化,其結果終將反噬制度本身。

第 2 章所揭示的,不僅是三位人物如何被時代召喚,更是整個極權政治如何藉由民族情感的工程,構築一座看似堅固、實則危險的統治大廈。這座大廈之所以能成立,不是因為強人的力量有多大,而是因為人民的焦慮有多深。國族幻影,是時代的產物,也是民主崩壞時的照妖鏡 —— 看似照出共同命運,實則扭曲了真實多元的社會樣貌。歷史不會停止召喚強人,但社會必須學會識破幻影,否則下一次的召喚,很可能不再只是歷史悲劇,而是現代災難的序幕。

第一部:極權之路的開端

2-1 法西斯意識形態的核心特徵

「法西斯主義不是一套理論,而是一種情緒化的信仰,它在混亂中呼喚秩序,在焦慮中召喚力量。」

—— 羅伯特・歐文・帕克斯頓(Robert Owen Paxton)

法西斯主義(Fascism)從來不是一種嚴格理論建構的政治哲學,它與自由主義、社會主義、共產主義不同,缺乏一致的文本體系與系統性邏輯。相反地,它是一種高度實用化、符號化與情緒化的意識形態混合體,是戰間期社會恐懼、政治幻滅與民族焦慮的產物。要理解佛朗哥、拉瓦爾與奎斯林如何建立其統治,就必須先理解法西斯主義的思想基礎與操作邏輯。

法西斯意識形態的核心特徵可歸納為以下幾個要素:

1. 極端民族主義與神話化的國族敘事

法西斯主義將國家、民族與歷史神話融為一體,視國族為至高無上的集體實體。它不僅強調民族文化的獨特性與純粹性,更透過歷史選擇、敵人想像與復興話語,建構出「我們」對抗「他者」的對立式國族認同。

在佛朗哥的西班牙,這種國族論述展現於對「西班牙天主教文明」的頌揚與對共和派、無政府主義者、巴斯克與加泰隆尼亞民族主義者的妖魔化。他將西班牙的內戰描述為「光明與混亂之戰」、「文明對抗野蠻」,以喚起國族救贖的情感。

奎斯林則強調挪威作為日耳曼民族純潔血統的一環，提出「精神北歐主義」，主張要驅逐外來的猶太文化、英美影響與布爾什維克毒素。拉瓦爾所處的法國維琪政權，則宣稱要重建「真正的法國」，將自由、平等、博愛替換為「工作、家庭、祖國」，以排斥第三共和的自由主義傳統。

2. 反共、反自由主義、反多元價值

法西斯主義在定義自己時，往往首先定義「敵人」。它堅決反對共產主義視階級鬥爭為主軸的社會觀，也反對自由主義對個人權利與法治的強調，更否定民主社會中多元價值並存的觀念。它視這些價值為國族分裂與衰弱的根源。

因此，法西斯政權常以掃蕩「無政府主義」、「布爾什維克滲透」、「自由主義腐蝕」為名進行政治清洗，透過建立單一合法意識形態的教育與媒體，消滅社會異見。佛朗哥政權中，左派、自由派知識分子與語言少數族群均遭打壓；拉瓦爾更積極推行反猶政策；奎斯林則將所有社會組織納入國家統一黨體系，強制思想同一。

3. 強人領袖與「有機國家」概念

法西斯拒絕代議政治與政黨競爭，主張國家應由具有「歷史使命」的領袖所領導。領袖不只是政策執行者，而是民族精神的象徵，是人民意志的化身。這是一種「人格化的合法性」，亦即：不是制度賦予權力，而是領袖本身展現了國族精神。

佛朗哥被冠以「總統元首」（Caudillo）之名，意為軍事與精神上的國族引導者；奎斯林自稱「民族再生的唯一力量」；拉瓦爾雖並非軍人領袖，但始終強調自己是「最了解國家利益的人」，以行政專業壓過民主程序。三人都藉由「只有我能拯救國家」的話術建立統治正當性。

「有機國家」概念則主張：國家是一個不可分割的身體，個人只是其中的器官，必須服從整體。這正當化了對異見的排除，將批評者視為「病原體」必須清除。

4. 動員式政治與審美化暴力

法西斯不是消極的威權體制，而是具有高度動員性的群眾政治。它擅長透過象徵、儀式、遊行、制服、代表與口號，打造一種「參與幻覺」與「共同體激情」，讓人民感受到身為集體一員的力量。

同時，法西斯也不迴避暴力，反而將暴力視為更新社會、清理腐敗的「必要儀式」。從義大利黑衫軍、德國衝鋒隊，到西班牙長槍黨與奎斯林的黨衛軍組織，法西斯政權往往培養準軍事組織，以暴力「排除異己」、「淨化人民」。

這種暴力不僅是實際的身體壓迫，更是象徵性的恐懼管理。學校教育、媒體播報與公眾空間無所不在地灌輸「敵人在你身邊」的觀念，使社會彼此監視，進而內化服從。

5. 國家控制經濟與階級合作神話

雖然法西斯聲稱反共，但其經濟並非自由放任主義，而是強調國家在經濟中的指導角色。它主張階級合作，而非鬥爭，並強制整合資本家與工人進入由政府主導的工會或行業協會。

佛朗哥在西班牙建立「垂直工會」，消滅獨立工會；奎斯林則要求所有企業接受黨的經濟指導；維琪政府則透過強制徵召勞工協助納粹軍工生產。這些政策表面上提倡勞資和諧，實則消滅了工人權利與社會自主，讓國家掌握資源與勞動分配權。

6. 懷舊式未來觀：過去的黃金時代＋即將到來的復興

法西斯運動擅長結合懷舊與未來想像。一方面，它訴諸「我們曾經偉大」的歷史敘事（如羅馬帝國、西班牙帝國、維京精神）；另一方面，它又號召人民投入一場「民族再生運動」，共同建構一個強大、純潔、有秩序的未來。

這種「復興式未來觀」讓大眾既沉浸於失落的輝煌，又投入於即將到來的光榮，形成持久的政治動能與高度容忍統治暴力的社會氛圍。

■ 安心的幻象，危險的秩序：法西斯的情緒政治與動員技術

法西斯主義的核心魅力，不在於理論深度，而在於它對於「不確定時代的心理補償」功能。當世界陷入混亂、制度無法回應、身分感失落時，它以簡單的答案、強烈的情感與儀式性的群體動員，提供一種令人安心卻危險的政治秩序。

佛朗哥、拉瓦爾與奎斯林正是這種意識形態的承接者與操作者。雖然三人的政權在形式與程度上各有不同，但其統治邏輯與敘事策略，都高度吻合於法西斯的基本特徵。

2-2 強人神話與個人崇拜的建構

「真正的法西斯領袖不需要說理，他的存在本身就是答案。」
—— 羅伯特·歐文·帕克斯頓（Robert Owen Paxton）

在極權政治中，領袖不是管理者，而是象徵本身。他不僅是政策的推動者，更是國族精神、歷史命運與社會秩序的具象化身。這種「強人神話」不單靠個人魅力構築，更依賴制度設計、媒體操作、教育洗腦與文化儀式反覆強化。法西斯體制的核心，不是群眾服從制度，而是群眾主動愛戴那個象徵「唯一正確道路」的領袖。

在佛朗哥、拉瓦爾與奎斯林的統治中，我們可見三種不同形式的強人崇拜：軍人拯救者、技術型守護者與民族救贖者。儘管手法與語言有所不同，但其核心目標一致 —— 創造出一個無可替代、不可質疑的統治象徵，使得政治反對與制度監督變得不可能。

1. 佛朗哥：沉默的救世者

佛朗哥並非如希特勒般善於群眾演說，也不像墨索里尼那般舞臺感十足；相反，他刻意打造一種寡言、堅毅、不動如山

的元首形象。在西班牙,他被稱為「Caudillo」——源自中古西班牙語的「統帥」,帶有軍事與宗教混合的精神領袖意味。他的形象不強調親民,而是強調神祕與威嚴,宛如神授的民族護衛者。

佛朗哥的個人崇拜主要透過三種方式建構:

◆ 宗教神聖化:將其統治與天主教會連繫,形塑「由上帝授權」的政治合法性。在學校、教堂與媒體中,佛朗哥的照片與十字架並列出現,被描繪為「拯救西班牙免於無神論者之手」的英雄。

◆ 歷史敘事控制:他被塑造成結束共和動亂、保衛傳統價值、維護民族統一的象徵,西班牙內戰被改寫為一場「正義與混亂的聖戰」。

◆ 視覺符號簡化:貨幣、郵票、街道與學校名稱以佛朗哥命名,其肖像與官方語錄在公共空間隨處可見,但又保持一種超然的距離感,使其形象始終懸浮於大眾之上。

這種神祕式的崇拜風格,有效避免了「親民領袖」的脆弱性,將批評者自動定位為「褻瀆國族的叛徒」。

2. 拉瓦爾:技術官僚的權力幻術

拉瓦爾並非典型的法西斯強人,他不擁有軍銜,也不善群眾動員。他的統治正當性,來自於一種自我塑造的「唯一理性選擇者」角色。在維琪政府中,他被宣傳為「唯一了解外交局

勢」、「唯一能與德國談判保全法國者」，是一種冷靜、理智、超越黨派的「國家管理者」形象。

他的強人神話建構，不靠情緒動員，而靠三個要素：

- **技術正當性**：以財政、經濟與外交的專業能力自居，讓群眾相信他「不是在統治，而是在拯救制度」。
- **恐懼敘事**：不斷強調與德國對抗將導致更大毀滅，拉瓦爾的存在是「避免災難」的保險。
- **權責分離的話術**：他聲稱自己非主動選擇合作，而是「被情勢所迫」，進一步模糊責任，強化其無可取代的中介者角色。

這種神話在戰時的確短暫成功，讓許多中產階級與保守派願意接受合作政策，但也因缺乏情感基礎與群眾動員能力，最終在戰敗後迅速瓦解。

3. 奎斯林：挪威的納粹影子

奎斯林的個人崇拜可說是對納粹的拙劣模仿。他試圖打造「北歐希特勒」的形象，自稱為民族命運的執行者，並強調自己是「歷史與精神選民」。他創立的「國家統一黨」模仿納粹政黨架構，設立青年團、制服、黨衛隊式組織，進行儀式性集會與旗幟崇拜。

他崇拜建立的關鍵策略包括：

- **種族神話敘事**：將挪威描繪為古老的北日耳曼精神之源，而自己是重建此精神的使者。

◆ 圖騰化政治語言：大量使用象徵性語言如「純潔」、「紀律」、「民族再生」來提升自我高度。
◆ 德國背書作為合法性來源：他不掩飾自己受希特勒信任，甚至強調這種關係是挪威融入「新歐洲秩序」的榮耀。

但由於其本身缺乏軍事或政黨實力，民意基礎薄弱，加上德國人對他也僅視為工具，因此其強人神話始終淪為空洞的政治符號，並在戰後成為笑柄與恥辱的象徵。

神話的政治功能

強人神話與個人崇拜在法西斯政權中，並非只是領袖自戀的投射，而是一種權力集中、責任模糊與社會統合的政治工具。它將國家等同於領袖，使制度批評變成對國族的攻擊，讓治理錯誤被轉化為命運試煉，讓群眾在信仰中自我審查、自我犧牲。

佛朗哥選擇了「距離感與神授」的崇拜策略，拉瓦爾依靠「技術專業與理性說詞」強化自身正當性，奎斯林則試圖將納粹式領袖模式移植至北歐。這些不同形式的崇拜，最終都服務於一個核心目的：讓權力免於懷疑，讓領袖成為唯一可想像的答案。

而這種個人崇拜的制度遺緒，直到今日仍未完全遠離政治現場。在多國威權領袖身上，我們依然能看見以「國族父親」、「民族救星」、「唯一能夠解決問題的人」為名構築的現代強人神話。歷史教訓告訴我們，當公民將理性判斷讓渡給情緒認同時，民主的基石就開始崩裂。

2-3 仇敵政治與內部清洗的正當性

「法西斯不是透過說服你它是對的,而是透過說服你『他們』是錯的。」

── 珍・波克(Jean-Paul Sartre)

在極權體制中,「敵人」的存在從來不只是安全問題,而是政權運作的核心邏輯之一。法西斯主義政治的建立,並非單靠凝聚與建設,而是靠對立與排除。它透過界定一個「危害共同體的內部敵人」,將社會矛盾與恐懼情緒具體化,使統治者得以在清除敵人的名義下強化權力、壓制異議、統合社會。

這種「仇敵政治」(Enemy Politics)的策略,不僅合理化了暴力,更創造出一種持續的危機感,讓人民認為唯有強人統治才能防止國家崩潰。敵人形象的創造,既是政治宣傳的產物,也是社會統治的必要支柱。而「內部清洗」則是這場政治敘事的實踐 ── 不管是清除共產主義者、猶太人、知識分子、自由主義者或民族分離分子,這些行動都不被呈現為壓迫,而是「自我淨化」。

1. 仇敵的必要性:法西斯語言的建構邏輯

法西斯政權往往會塑造一套簡化、二元的政治語言體系:我們 vs. 他們、純潔 vs. 腐敗、秩序 vs. 混亂、忠誠 vs. 叛徒。這種語言將政治矛盾道德化,使每個政治選擇不再是價值討論,而是生死存亡的抉擇。

- **外部敵人**：共產主義、布爾什維克、資本主義、猶太國際勢力、英美帝國主義等。
- **內部敵人**：異議分子、民族少數、左派工會、新聞媒體、自由學者、不同宗教或文化社群。

這些仇敵形象不只出現在官方講話中，也滲透至學校教育、報紙宣傳、電影文藝與民間傳說中。仇敵的存在，被用來合理化對異見者的監控、對文化的審查，甚至對某些群體的系統性剝奪。

2. 佛朗哥體制下的「紅色清洗」

佛朗哥政權的崛起本身，就是建立在「反紅色」的戰爭邏輯上。1936年西班牙內戰爆發後，他將共和派描繪為無神論者、破壞家庭與宗教秩序的革命分子。戰爭不再是軍事衝突，而是一場「對反基督的聖戰」。

戰後，佛朗哥政府展開大規模「清洗行動」：

- 政治清算：數十萬共和派士兵、知識分子、工會領袖與社會主義者遭到逮捕、處決或終身監禁。
- 文化鎮壓：禁止加泰隆尼亞語與巴斯克語的公開使用，封閉左翼報紙與獨立書店，學校教材全面重寫。
- 社會監控：設立地方情報網絡，由神職人員、警察與社區組織共同監督異見。

這些措施被政府宣稱為「國家重建工程」，任何對此的反對都會被貼上「破壞統一」的標籤，形成一個全面封閉的政治空間。

3. 拉瓦爾與維琪政府的種族迫害

在拉瓦爾與貝當領導下的維琪法國，仇敵政治以「反猶」與「反左翼」為雙主軸。德國占領後，拉瓦爾為了證明合作誠意，積極配合納粹進行猶太人登記、驅逐與遣送集中營的行動。

- 反猶政策：1942 年「巴黎大逮捕」中，超過 1 萬名猶太人（包含 4,000 多名兒童）被法國警察逮捕並交由納粹處理，絕大多數從此未歸。
- 意識形態清洗：驅逐左派教師、關閉社會主義報紙、禁止共產黨活動。
- 文化重構：將共和價值替換為「家庭、祖國、工作」，強化民族本位主義與對德合作的合法性敘事。

拉瓦爾在法庭上辯稱這些措施是「消極配合」，但歷史檔案清楚顯示，他在多項反猶法案中扮演積極推動角色。其清洗行為不僅為納粹效力，也服務於其試圖在戰後取得納粹信任與法國統治正當性的政治算計。

4. 奎斯林的全面清洗願景

奎斯林政權的最大特色，是高度意識形態化的仇敵定位。他不只是排除異己，更企圖透過建立「北歐納粹文化國家」來完全重塑挪威社會。

- 政治迫害：取消多黨制度，將所有公職與學術機構納入「國家統一黨」架構，異議者立即撤職與逮捕。
- 文化清洗：挪威傳統教育與文學遭到審查，學校課程引入納粹思想，反對者包括教師與牧師遭大規模開除或拘禁。
- 種族政策：與德國合作辨識並驅逐猶太社群，並推動所謂「挪威血統純化」計畫，強調日耳曼基因優越論。

奎斯林的清洗政策在民間反感極大，挪威教會、教師與公民社會普遍抵制，但德國軍事控制使他得以維持統治。其施政過程儘管短命，卻成為法西斯滲透北歐的失敗案例與歷史警訊。

5. 清洗如何變成群眾默許？

值得注意的是，這些清洗行動並非完全靠暴力維持，更深層的原因是社會中的沉默、默許與共同參與。在多數法西斯體制中：

- 一部分群眾出於恐懼選擇沉默；
- 一部分人相信仇敵敘事並自願參與迫害；
- 還有一些人出於利益計算選擇與政權合作。

這種「分散式共犯結構」，使得清洗行動得以持續，並在歷史回顧時呈現出極為複雜的責任網絡。在戰後，許多國家發現，對仇敵的迫害不只是領袖意志，更是整個社會結構在動員時的深度捲入。

第一部：極權之路的開端

▰ 仇敵政治的陰影未曾消失

佛朗哥、拉瓦爾與奎斯林之所以能穩固其政權，不只是因為武力或外交，而是因為他們成功定義了「誰是敵人」，並使整個國家機器投入在清除這些敵人的戰爭中。仇敵政治將統治簡化為生存鬥爭，將異議視為病毒，將暴力包裝為療癒。

這樣的政治機制至今仍未消失 —— 當今世界，仍有許多領袖透過「他者化」策略凝聚群眾，透過製造仇敵轉移問題、正當化打壓。在這種語境下，歷史的警示尤為重要：當一個社會開始用「敵人」來定義自我時，距離極權就不遠了。

2-4 文化灌輸與群眾順從的技術

「最成功的統治，是讓人們不覺得自己被統治。」

—— 米歇爾・傅柯（Michel Foucault）

極權政體的穩固，不只依賴警察與軍隊，更仰賴一套全面而精細的文化滲透機制。法西斯政權之所以能動員千萬人投入其政治計畫，是因為它不單在制度上消除反對聲，更在日常生活中塑造一種順從的心理結構與社會氛圍，讓統治不再依靠外在強制，而是透過語言、教育、娛樂與儀式，潛移默化地內化於人心。

第 2 章　國族幻影與強人召喚

在佛朗哥、拉瓦爾與奎斯林的統治經驗中，這種文化灌輸與社會控制展現了多樣手段：從小學課本到廣播節目，從國旗儀式到衣著標準，每一處看似微不足道的規訓，都是為了讓群眾習慣於一種單一正確的「生活方式」。這不是統治者個人的喜好，而是一套政治工程——透過文化控制製造忠誠，透過語言塑造現實，透過日常重複壓抑質疑。

1. 學校教育：從知識傳遞到國族塑造

教育是法西斯體制中最關鍵的社會控制領域。三位領導人都將學校視為再生民族精神的戰場，採取以下策略：

- 課綱重寫：歷史課本刪除共和、啟蒙與左翼內容，強化國族、宗教與軍事榮耀敘事。佛朗哥的西班牙課綱將內戰稱為「聖戰」，奎斯林推行挪威的日耳曼優越論。
- 教師再教育與清洗：維琪法國全面開除左翼與猶太籍教師，佛朗哥政權設立「忠誠教師審查制度」，奎斯林強迫教師加入統一黨或辭職。
- 兒童組織化：創立青年團，如西班牙「法蘭西斯青年團」、奎斯林仿製的「挪威青年軍」，將愛國、服從、紀律與身體訓練視為教育核心。

這樣的學校制度不再以知識培養為目的，而是為政權製造順從的新一代。孩子從小學會什麼該想、該說、該信——而不是該問。

2. 媒體掌控與資訊壟斷

在法西斯統治下，媒體的任務不是監督政府，而是服務政權。新聞被重塑為宣傳工具，廣播、報紙、電影、文學與戲劇成為意識形態的運輸管道。

- 審查制度：三國皆設立新聞審查部門，禁止不利報導，掌控外電來源。佛朗哥甚至對外國記者進行登記管制。
- 官方媒體：大量資源投入製作政權主題報紙、雜誌與廣播節目，天天報導領袖言論、軍事勝利與愛國活動。
- 語言清洗：禁止使用方言（如加泰隆尼亞語）、左翼術語或外來詞彙，強制統一語言與表述方式，使語言本身成為政權工具。

這樣的媒體環境使民眾難以接觸替代訊息，資訊單向傳輸，不再是「看新聞」，而是「接受指示」。

3. 群體儀式與視覺符號

法西斯極重視群體儀式與符號學操作，這些表面上的裝飾性活動，其實是建立「民族共同體幻覺」的核心。

- 集會與遊行：透過週期性的大型集會強化群體認同，展現「人民與領袖一體」的虛構共識。
- 制服與姿態：青年團、警察、軍隊與學生皆穿制服，並學習特定舉手禮或敬禮動作，形塑紀律與秩序。

- 國旗、肖像、口號氾濫：街道牆面、政府機關與教室中充滿領袖肖像與愛國標語，如「佛朗哥萬歲」、「拉瓦爾是法國的良知」、「奎斯林帶來新秩序」。

這些儀式並非單純宣傳，而是透過感官重複與集體情緒動員來穩定社會心理，使人民在儀式中內化服從與信仰。

4. 日常生活的政治化與監控機制

在法西斯體制中，日常不再是私人領域，而是政治的延伸。從家庭、宗教到衣著與飲食習慣，一切都可以被納入國家再教育的範圍：

- 家庭政策：推動「傳統家庭」模型，女性被定義為母職與道德守門人，維琪政府甚至對未婚懷孕者進行公共羞辱。
- 宗教結盟：佛朗哥與天主教深度結合，彌撒被視為愛國儀式，異教信仰或無神論遭封鎖。
- 社區監視網絡：利用教會、學校與社區組織建立「自下而上的情報系統」，形成一種「群眾監督群眾」的文化。

在這樣的日常治理中，異議不需要被嚴刑拷打才能被壓抑──只需被鄰居舉報、學校邊緣化、職場封殺，就足以讓人噤聲。

5. 為什麼群眾會接受這一切？

文化灌輸的成功不只在於壓制，更在於創造認同感與穩定感。在動盪時代，人民渴望秩序、意義與方向。法西斯政權提

供了簡單的語言、明確的敵人、集體的目標與安全感。這些心理補償，使得群眾在不知不覺中「選擇了服從」，甚至將統治視為保護。

人們習慣於口號，逐漸忘記如何提問；習慣於指令，逐漸失去自主；習慣於領袖的臉孔，逐漸失去自我。順從不是來自暴力，而是來自一種「不再能想像替代現實」的文化狀態。

■ 當統治滲透進語言與記憶

佛朗哥、拉瓦爾與奎斯林並非只靠軍事鎮壓穩住政權，而是深諳「思想控制的社會工程」。他們塑造的不只是制度，而是人民的世界觀與情感結構。當一個孩子從小學就背誦愛國詩詞、在街頭聽著領袖廣播、在家庭中學會服從，他的自由意志與判斷能力便逐漸被文化模板取代。

最深的極權不是禁止言論，而是讓人不再思考有其他言論；不是毀滅自由，而是讓自由看起來危險可疑。文化灌輸與群眾順從，不是統治的附屬品，而是極權政治最隱密、最持久的核心技術。

第 2 章　國族幻影與強人召喚

國族幻影與強人的招喚

本章從思想與文化層面出發，拆解法西斯政治的核心建構邏輯：在一個制度崩潰、社會撕裂的時代，極權政權如何透過意識形態、群體動員、敵人建構與文化操控，打造一個「看似秩序穩定、實則壓制自由」的政治現實。

無論是佛朗哥在西班牙、拉瓦爾在法國、還是奎斯林在挪威，他們皆非單靠暴力奪權，而是透過一整套「群眾動員＋領袖神話＋思想控制＋敵人排除」的政治文化機制，將專制內化為社會日常，讓人民在不自覺中服從統治。法西斯的本質，不只是統治型態，更是一種對危機時代的集體心理回應。

概念整理表

主題	核心內容	實際操作（三位主角）
法西斯意識形態	強調國族、反多元、反民主、反共、崇拜領袖與紀律	佛朗哥主張西班牙統一與反共和主義；奎斯林訴諸北歐種族神話；拉瓦爾否定共和價值
領袖神話	領袖被塑造成神聖、不可質疑、超越政黨之上的象徵	佛朗哥＝天主授權的救國者；拉瓦爾＝唯一理性選擇者；奎斯林＝納粹模式的執行者
仇敵政治	將統治建立在「對內清洗、對外仇視」的對立邏輯上	打壓左翼、排除少數、反猶迫害、取消政黨

第一部:極權之路的開端

主題	核心內容	實際操作(三位主角)
文化灌輸技術	教育改革、媒體控制、語言清洗、青年動員、生活監控	改課綱、組青年團、設黨媒、制服化群眾、儀式性愛國活動

法西斯回應邏輯:從危機到控制的四步模型

社會危機→集體恐懼→法西斯回應邏輯	
國族神話	建構「我們 vs. 他們」,強化民族純潔敘事
領袖崇拜	將領袖視為唯一救贖者,排除制度制衡
清洗敵人	鎖定內外部「敵人」,透過法律與暴力正當化迫害
文化控制	操控語言、教育與媒體,內化順從與單一價值觀

三位主角的思想統治工具對照表

領域	佛朗哥	拉瓦爾	奎斯林
教育	重建宗教課綱、控制加泰隆尼亞語	移除共和課程、強調家庭倫理	引入納粹日耳曼教育模式
媒體	設立國營媒體、新聞審查	廢除自由報紙、製造反猶言論	控制廣播、模仿德國新聞風格
敵人設定	共產黨、巴斯克民族、自由主義者	猶太人、自由派知識分子、工會	猶太人、左派、英美影響者
儀式設計	軍禮遊行、國旗升降、彌撒政治化	領袖畫像普及、標語口號	制服與青年軍活動

思想與制度滲透程度熱力圖

控制領域	佛朗哥	拉瓦爾	奎斯林
教育	●●●●	●●●	●●●●
媒體	●●●●	●●●	●●●
群眾儀式	●●●	●●	●●●●
領袖崇拜	●●●●	●●	●●●
日常監控	●●●	●●	●●

第一部：極權之路的開端

第二部：
三位人物的崛起軌跡

　　法西斯政體的建立並不只是意識形態的勝利，更是由特定人物透過歷史時機、結構缺口與個人選擇所實現的政治實踐。本部深入描寫佛朗哥、拉瓦爾與奎斯林三位領袖的崛起過程，探討他們如何在動盪的時代中轉化身分、構築權力，並最終走向極權的核心。

　　佛朗哥從軍人出身、經歷摩洛哥戰爭與西班牙內戰，在混亂與革命恐懼中成為秩序的象徵；拉瓦爾從社會主義律師轉為穩定菁英，面對第三共和的疲乏與德國壓力選擇合作路線；而奎斯林則以軍官與外交官背景，挾挪威民族主義與反共情結，成為納粹在北歐的代言人。

　　本部不僅關注他們的政治行動，更解析其語言策略、心理動員與個人敘事如何與大眾情緒交織。他們並非純粹的操弄者，也在歷史壓力中逐步內化了極權邏輯。每一位都以「拯救國家」「穩定秩序」「抵抗威脅」為名，建立起看似合法的統治架構。

　　他們的崛起，是個體與歷史的共謀。他們的故事，不只是失敗的前傳，更是當代極權再現時最值得參照的心理與結構範本。理解這三位人物的軌跡，正是理解極權如何一步步合法化的開始。

第二部：三位人物的崛起軌跡

第 3 章
佛朗哥：從軍人到獨裁者

　　佛朗哥的一生是西班牙二十世紀現代化與分裂命運的縮影，他既是軍人，也是政治實踐者，更是一位用紀律與暴力將一國人民導入沉默的強人。他的崛起既非來自民意，也非源於政黨鬥爭，而是來自軍隊、危機與命運交織的結節點。作為一名職業軍官，佛朗哥從殖民地摩洛哥戰爭中起家，靠著對命令的絕對服從與軍紀嚴明聲名鵲起。他年紀輕輕即成為將領，被軍中視為「可靠的軍人」與「秩序的化身」。然而，在政治不穩與階級衝突日益加劇的西班牙共和政體中，這種冷靜且保守的軍人，逐漸成為反改革與反民主勢力的希望象徵。

　　1931 年，西班牙第二共和國成立，試圖推動土地改革、削減貴族特權、世俗化教育與限制軍隊干政，但成效緩慢、抵抗強烈。軍方與教會、地主階層組成的保守陣營，對共和改革視為「解體西班牙本質」的威脅，而佛朗哥則成為其中最具潛力的軍事領袖之一。1936 年 7 月，軍方聯合右翼勢力發動政變，引爆西班牙內戰。這場戰爭不僅是一場國內政變，更是國際法西斯勢力與反法西斯力量的代理人戰爭。納粹德國與義大利法西

第二部:三位人物的崛起軌跡

斯政府迅速支援佛朗哥,包括飛機、坦克、軍事顧問與武器;相對地,共和政府僅獲蘇聯與國際志願軍(如國際縱隊)的支援,武器品質與補給遠遜於國民軍。

佛朗哥在戰爭中展現非凡的戰略穩健與政治手腕,他不僅以軍事實力擊潰敵對軍隊,更成功整合右翼、保守派、君主派與天主教勢力,於 1937 年統合為「西班牙傳統主義者與法西斯長槍黨聯盟」(FET y de las JONS),建立起個人領導下的單一黨體制。他以「保衛天主教文明、捍衛西班牙魂」為名進行全面鎮壓,在戰後實行大規模政治清洗與言論封鎖,被關押與處決的人數至今仍無法確切統計。與其他法西斯政權不同,佛朗哥政權並未完全模仿納粹或墨索里尼的極端體系,而是一種結合軍政府、傳統主義與反共戰略的混合體。他的政權雖具有強烈法西斯色彩,卻避免將國家完全納入意識形態控制,而是透過軍警、教會與官僚體制維持統治,讓「佛朗哥主義」成為西班牙歷史上最長壽的威權體制之一。

佛朗哥的統治之所以能延續至 1975 年,部分原因來自他在二戰期間保持「非參戰國」身分,雖然與軸心國友好,卻未實際出兵,成功避免戰後同盟國的全面追責。他精準地判斷歷史風向,在戰後冷戰開始後,迅速將自己塑造成「反共堡壘」,並獲得美國與西方國家的容忍與援助。這種現實主義的政治轉身,使佛朗哥從法西斯戰友變成自由世界的戰略夥伴,亦使其政權在國際上得以苟延殘喘。其間他進行有限的現代化政策與國家

第 3 章　佛朗哥：從軍人到獨裁者

經濟規劃，但政治壓迫與言論審查從未放鬆。西班牙人民在經濟改善與政治窒息中長期處於沉默與服從狀態。

佛朗哥不只是一位獨裁者，更是一位成功操縱歷史脈動的軍事政治家。他深知國族幻影的魅力，也懂得如何讓國族話語替軍人統治披上合法外衣。他塑造了「佛朗哥就是西班牙，西班牙即是佛朗哥」的敘事邏輯，將個人崇拜轉化為民族忠誠，讓強人統治與國族意志互為鏡像。然而，他的政權並非沒有代價。異議人士、文化創作者、自由思想者被迫噤聲流亡，女性與少數族群的權利被大幅壓制，整個國家的政治生命幾近凍結。佛朗哥晚年試圖安排王室復辟，以王儲胡安·卡洛斯為繼承者，保留體制的某種延續性，但他未曾預見，真正的歷史轉向在他死後迅速到來。

1975 年佛朗哥去世，西班牙旋即進入民主過渡期。歷經近四十年的壓制與管控，西班牙社會迅速復甦為歐洲自由民主國家。然而，佛朗哥主義的歷史遺緒仍在社會底層存活，包括對強人懷舊、對中央集權的依賴、對民族純粹性的迷思，以及對反抗與多元的潛在恐懼。佛朗哥這位軍人出身的統治者，成功運用歷史的裂縫、操縱國族幻影、吸納宗教與軍事資源，建構出一個看似穩固、實則扼殺多元的國家體系。相比拉瓦爾與奎斯林的短命與失敗，佛朗哥代表的是一種延長型的極權實驗──不是因為其政權更善良，而是因為它更懂得「等待」與「包裝」。

第 3 章不僅描繪佛朗哥的生平與統治邏輯，更是揭示一個

第二部:三位人物的崛起軌跡

警訊:當軍人開始說起民族的語言,當保守與秩序被包裝成唯一的國族解方,當社會容忍「為了安定可以暫時犧牲自由」的口號,極權的門就已經打開。佛朗哥就是這扇門背後最成功的設計師。他沒有高聲咆哮,卻悄無聲息地讓整個國家學會了沉默。

3-1 摩洛哥戰事與軍事升遷之路

「戰場不只是殺戮之地,更是野心與信仰鍛造之地。」

—— 西班牙殖民將領私信

在二十世紀初的西班牙,政治體制動盪、經濟衰退、社會階級分裂,唯有軍隊仍被視為國家穩定與榮耀的象徵。而在廣袤的海外殖民地,尤其是北非摩洛哥,西班牙王國為了維繫殘存的帝國榮光,陷入一場殘酷而曠日持久的殖民戰爭。正是在這樣的戰場上,一位沉默寡言、紀律嚴明的青年軍官 —— 法蘭西斯科・佛朗哥(Francisco Franco),逐漸從一名中尉成為西班牙軍界冉冉升起的明星。

這一節將聚焦於佛朗哥如何透過摩洛哥戰事建立軍事威望、養成其「紀律主義」與「反叛自由主義」的基本信念,並分析殖民戰場如何成為佛朗哥政治人格與領袖風格的搖籃。

第 3 章　佛朗哥：從軍人到獨裁者

一、殖民帝國的末路與北非戰場的開啟

十九世紀末，西班牙因美西戰爭敗於美國，失去古巴、波多黎各與菲律賓，淪為「歐洲落敗帝國」。在帝國遺緒尚未完全解體之際，西班牙將國族榮耀與軍事重建寄託於北非殖民計畫——特別是與法國共同「保護」的摩洛哥里夫地區。然而，這並非一場正義之戰，而是一場對抗當地柏柏人部族的血腥殖民鎮壓。

摩洛哥戰爭具有雙重意義：對政權而言，是恢復軍隊信心與帝國象徵；對年輕軍官而言，則是軍事晉升與建立聲望的最佳跳板。1912 年，佛朗哥自托萊多陸軍學校畢業後，便志願前往摩洛哥服役——這個選擇，對他未來政治生命至關重要。

二、佛朗哥的戰場表現：冷酷紀律與服從體系

1912 至 1927 年間，佛朗哥數度進出摩洛哥前線，在極端艱困的環境下迅速累積戰功。與其他軍官不同的是，他並不以衝鋒陷陣聞名，而是以極高的紀律、對命令的絕對服從與冷靜的戰術判斷，贏得上級與同袍的尊重。他不抽菸、不酗酒、不談戀愛，生活近乎苦行僧，被戰地士兵稱為「小聖人」。

1920 年，佛朗哥被派往指揮西班牙外籍兵團（Tercio de Extranjeros），這支模仿法國外籍兵團而組建的部隊，成為日後法西斯政權鎮壓內部的核心武力。佛朗哥在此時建立了與未來政變軍官的深厚人脈，也訓練出對「榮譽、紀律、服從」的軍事文化信仰。

他最重要的一場戰役,是 1921 年里夫戰爭中的安努瓦勒大敗後的收復行動。該役中,西班牙損失逾一萬名士兵,全國震驚;但佛朗哥率領外籍兵團進行反攻,成功保住若干重鎮。他因此於 33 歲晉升為將軍,成為西班牙史上最年輕的將官。

三、軍隊與佛朗哥政治性格的養成

摩洛哥戰場不只是佛朗哥軍事升遷的舞臺,更深深塑造了他的政治人格與世界觀。這段經歷讓他形成了以下幾個核心信念:

- 民主是混亂的代名詞:摩洛哥戰事期間,西班牙本土因政黨內耗與左翼運動陷入動亂。佛朗哥逐漸認定,議會政治無法解決國家問題,唯有軍人才能恢復秩序。
- 國家命運應由少數菁英決定:他相信,國族不該交由群眾或工會操縱,應由訓練有素、忠誠紀律的軍人引導。
- 暴力與秩序是必要手段:在摩洛哥,佛朗哥學會了如何以最少成本維持最大控制。他對處決叛兵毫不手軟,並推崇「震懾式穩定」(stability through fear)的治理方式。
- 宗教與軍事同為精神支柱:佛朗哥經常將軍人道德與天主教義結合,認為軍人乃上帝意志的執行者。

四、從戰地將領到體制中堅

回到西班牙本土後,佛朗哥被迅速納入王室與保守派的權力體系。當普里莫·德·里維拉(Miguel Primo de Rivera)在 1923 年發動軍事政變並建立軍人獨裁時,佛朗哥並未公開表態,但

第 3 章　佛朗哥：從軍人到獨裁者

獲得重用，被任命為軍事學校校長，實際參與國軍重整。

　　1931 年西班牙第二共和國成立後，佛朗哥雖未立即反對共和制度，但對左翼改革深感不安，特別是軍制改革與反教會政策。他選擇以低調方式退居二線，等待時機成熟。正是在這段時期，他與一批軍中保守派逐漸形成「等待中的國家派」，他們認為民主終將崩潰，而軍人必須準備接管國家。

■ 戰場上的「佛朗哥主義」胚胎

　　佛朗哥的摩洛哥經驗，是他軍事威望的來源，更是其威權思想的養成土壤。在殖民地戰場，他學會了以紀律克服混亂、以暴力創造秩序、以服從換取榮耀。這些信念日後成為其統治哲學的核心：反民主、反多元、反妥協，而擁抱軍事、宗教與國族作為統治的三大支柱。

　　這位年輕軍官尚未發動政變，但他的思想與人脈，早已在非洲戰場埋下了西班牙法西斯化的種子。

3-2 內戰前夜的軍政聯盟與準備

「當制度癱瘓，軍人與神職便攜手準備接管國家。」
　　　　　　　　── 西班牙保守派報刊社論（1936 年 5 月）

　　1931 年，西班牙第二共和國成立，取代了長期搖搖欲墜的君主制。新政府推行土地改革、軍隊現代化、教會世俗化與工

第二部：三位人物的崛起軌跡

人權益保障，試圖在一個階級撕裂與地區主義高漲的國度中打造一個世俗民主體制。然而，這場改革速度之快、對既得利益衝擊之劇，使共和體制迅速被保守派與教會視為災難。從 1931 年至 1936 年，西班牙政局如火藥桶般緊繃，左翼改革與右翼反撲交互作用，最終導致共和崩潰、軍人崛起。

本節將聚焦佛朗哥如何在此期間從沉默將領轉變為政變核心人物，並探討他如何精準結合軍方、教會、貴族與法西斯群眾力量，打造一場「合法性破裂下的軍事接管行動」—— 也就是後來演變為西班牙內戰的前奏。

一、沉默中的觀察者：佛朗哥的中立姿態與等待策略

相較於其他高調反共的軍官，佛朗哥在第二共和初期選擇保持中立。他不公開批評共和政府，也未參與極右翼組織，反而專注於軍事行政職務，如擔任薩拉戈薩軍官學校校長與總參謀部高層。這種低調風格使他在軍中贏得「紀律派」、「穩健派」的聲譽。

但這並不代表他支持共和。他私下與多位保守派將領、教會高層與舊貴族保持密切聯繫，並建立一個跨軍種、跨區域的非正式軍人網絡，日後成為 1936 年政變的骨幹。他深知，在社會撕裂的情境下，過早表態將引火上身，唯有等待左派自我瓦解，才能一擊致命。

第 3 章　佛朗哥：從軍人到獨裁者

二、政局崩潰與軍人正當性的重構

1934 年，左翼工人發起阿斯圖里亞斯礦工起義，政府派出軍隊血腥鎮壓，造成數千人死傷，軍方強勢介入內政。佛朗哥即是指揮鎮壓部隊的關鍵人物。他以「恢復秩序」為名，展現強硬作風，此役讓他在保守陣營中聲望大振，也獲得右派媒體讚譽為「國家的劍與盾」。

這場軍事行動重塑了軍人角色，讓社會開始接受「軍人參政＝穩定保障」的論述。右派菁英、教會與地主階級開始將佛朗哥視為潛在的「秩序恢復者」。同時，左派陣營則愈發分裂，共產黨、無政府主義者與社會主義者在內鬥中消耗能量，造成共和政府治理失靈與治安惡化。

三、聯盟建立：軍隊 × 教會 × 地主 × 法西斯民兵

1935 年至 1936 年間，佛朗哥與一群保守派將領（如莫拉、米拉與克里波）開始積極建立一個「救國聯盟」。這個聯盟橫跨數個階層與結構：

◆ 軍方：聯絡各地駐軍指揮官，組織祕密協調會議，確保政變一旦發動，能迅速控制關鍵城市與通訊設施。

◆ 教會：與天主教會主教團合作，強化對教會迫害的敘事，將政變定義為「捍衛信仰的聖戰」。

◆ 地主與工業資本家：獲得經濟資源與地方情報支持，承諾政變成功後將停止土地改革與勞工法案。

◆ 長槍黨（Falange）與右翼青年團體：動員法西斯街頭力量，在城市內執行破壞、暗殺與情報傳遞任務。

這種結構可視為「半國家、半地下」的雙軌政治組織：上層是軍事指揮體系，下層是民間極端右翼組織，彼此雖非完全一致，卻在「推翻共和」這一目標上形成戰術合作。

四、摩洛哥軍團：海外軍事力量的戰略部署

佛朗哥另一個關鍵布局，是掌握駐守在摩洛哥的精銳部隊──外籍兵團與摩洛哥土著部隊（Regulares）。這支部隊擁有高戰力、服從性與實戰經驗，與本土軍隊相比更具壓制能力。

佛朗哥於 1936 年 6 月被調任至加那利群島，表面上是共和政府對其的「邊緣化」，實則給了他遠離政壇監控、調度殖民地軍力的空間。當 7 月政變發動時，正是佛朗哥率領摩洛哥軍隊登陸西班牙南部，點燃內戰。

這段戰略部署展現了佛朗哥的耐心與精算：等待政治時機成熟，再從地理與軍事縱深處發起致命一擊。

五、1936 年 7 月：政變成為戰爭

1936 年 2 月，人民陣線勝選，由左派重組政府，並重啟土地改革與軍隊整頓，引爆保守派全面危機感。同年 7 月 17 日，軍方在摩洛哥發動政變，並迅速蔓延至西班牙本土。雖未如預期全面成功，卻立即引發軍事對峙，從而轉化為三年內戰。

佛朗哥憑藉摩洛哥軍團的迅速部署、與納粹德國與法西斯

第 3 章　佛朗哥：從軍人到獨裁者

義大利的外交關係，以及其政治調和能力，在政變軍官中逐漸脫穎而出，並於 1936 年底被推舉為國民軍「唯一元首」。此後的歷史，便是佛朗哥如何從一名保守軍官，轉變為一國之主的篇章。

■ 等待者的勝利

佛朗哥之所以能在眾多政變軍人中脫穎而出，不在於他最激進，也不在於他最有軍功，而在於他的等待、結盟與計算能力。他不只是「參與政變」，而是用軍人、教會、法西斯、地主四大力量交織出一張穩定的權力網，為自己的統治奠定結構基礎。

這場政變雖然未能立即奪取全國政權，卻為一場意識形態、地區與階級交錯的殘酷內戰鋪路。而佛朗哥，從此走上了成為「西班牙唯一統治者」的道路。

3-3 內戰中的整合與殘酷手段

「當統一的旗幟揮舞在頭頂，異見就必須沉默。」

—— 國民軍宣傳標語（1937 年）

1936 年 7 月，原本預期為迅速政變的軍事行動，因共和派與左翼團體的激烈抵抗而轉化為一場全面內戰。這場西班牙內戰不僅是國內軍政集團與共和體制之爭，更迅速演變為國際代

理戰爭：德國與義大利全力支援佛朗哥，而蘇聯與國際志願旅則支持共和政府。

在這樣高度意識形態化的戰爭中，佛朗哥逐步完成從軍事將領到政治獨裁者的轉變。他不僅成功統合右翼各派，更以「秩序與統一」之名實施大規模清洗與鎮壓，使國民軍從混合聯盟變成效忠於他的個人政權。這一節即分析佛朗哥在內戰期間如何運用組織整合、恐懼政治與國際外交三種手段，建立一個準極權國家雛形。

一、右派聯盟的統整與「長槍黨」接管

初期的國民軍陣營並不統一，內部由君主主義者、保守派軍官、法西斯青年、天主教社運分子等各方組成，各有政治目標。佛朗哥認知到：若不能建立意識形態與組織上的一致性，軍事勝利後將陷入內部分裂。

因此，他展開一連串整合行動：

- 1937 年 4 月命令合併所有右翼政黨與軍事組織，包括長槍黨（Falange）、君主主義軍團、傳統主義者等，成立唯一政黨──「西班牙傳統主義與長槍黨聯盟」（FET y de las JONS）。

- 清洗法西斯激進派，如原長槍黨創辦人普里莫・德・里維拉之追隨者，將黨機器徹底收編為佛朗哥意志的工具。

- 建立一套自上而下的黨政體制：黨國不分，黨組織滲透至市政、軍隊、教育與媒體，所有公民皆需宣誓效忠「佛朗哥總統元首」(El Caudillo)。

這種整合策略不靠共識，而靠命令與排除。佛朗哥利用戰爭狀態正當化壓制「不團結因素」，將整合與肅清合而為一，最終建立起一個忠誠而服從的戰時政體。

二、系統性暴力與「紅色恐懼」敘事

與政治整合並行的，是一場全面的暴力清洗與恐懼建構。國民軍進入任何城市後，第一件事不是重建，而是「清理潛在敵人」。這種暴力並非戰時過失，而是制度化的恐懼政治策略：

- 大規模處決：在西班牙南部與中部，佛朗哥軍隊對共產黨員、社會主義者、教師、工會領袖與共和官員進行無審判處決，被稱為「白色恐怖」。據估計，內戰期間遭國民軍處決者超過 15 萬人。

- 軍事法庭與特別法：設立特審法庭，快速定罪並公審「紅色分子」，部分地區連參與罷工或保存左翼報紙都可被視為叛國。

- 家屬連坐與社區監控：對異議者家屬實施報復性懲罰，子女被剝奪教育與職業機會，鄰里被鼓勵互相檢舉，社會呈現高度恐懼與順從狀態。

這些行為在佛朗哥宣傳中被描繪為「紅色清洗下的必要報復」，媒體與教會共同塑造出「共和政府即等同於無神論、混亂與國族背叛」的敵人形象，使暴力合法化、情緒化與道德化。

三、教會合作與「十字軍式內戰」敘事

天主教會在佛朗哥體制中扮演了極其關鍵的角色。在內戰爆發後，共和區出現反教會暴力與教士被殺事件，使教會高層普遍轉向支持國民軍。佛朗哥利用這一契機打造出一場「捍衛信仰的聖戰」敘事：

◆ 獲得教宗庇護十一世默許與梵蒂岡外交承認。

◆ 聘請神職人員擔任軍中牧師與電臺宣講員，將戰爭敘述為「拯救基督教文明」。

◆ 允許教會在教育、媒體與福利體系全面恢復控制，作為對其支持的回報。

此舉有效爭取了保守派中產階級的支持，將佛朗哥體制與神聖性緊密連結，使其暴力統治包裹在道德與信仰的語言中。

四、國際支援與軍事技術的差距優勢

佛朗哥政權在內戰中的另一個關鍵優勢，來自於納粹德國與義大利王國的大力支援：

◆ 德國派遣「神鷹軍團」（Condor Legion），提供空軍與現代戰術支援，測試了轟炸平民城市（如瓜爾尼卡）等新式作戰方式。

第 3 章　佛朗哥：從軍人到獨裁者

◆ 義大利派出正規部隊與坦克裝備，提供佛朗哥軍隊強大地面打擊力量。

◆ 相對地，共和政府雖獲得蘇聯與國際志願軍援助，但後勤、武器與空中支援始終不足，並遭到西方民主國家（尤其英法）的絕對中立政策所孤立。

佛朗哥利用國際局勢與外交技術，將內戰轉化為右翼國際主義的一環，使自己形象與希特勒、墨索里尼並列為「反共陣營的堡壘」。

▌建立在屍骨上的統一政權

佛朗哥並非單靠戰術或軍事才能取得勝利，而是靠政治整合的手腕、暴力恐懼的管理、宗教正當性的綁定與國際援助的靈活運用。內戰期間，他將一個鬆散的右翼聯盟，整合為一套從黨、軍、教會到社區的全面控制體系，為日後的專制統治打下穩固基礎。

西班牙內戰不是混亂中的奪權，而是佛朗哥以戰爭為工具、有系統建立極權體制的過程。暴力在這裡不只是手段，而是統治哲學；整合不只是策略，而是自我合法性的根基。當內戰終結時，佛朗哥不僅贏得了疆土，更贏得了統一敘事的壟斷權──從此以後，只有他的語言、他的敵人與他的秩序，能在西班牙存在。

第二部：三位人物的崛起軌跡

3-4 勝利者的和平與新政體制的建構

> 「和平不是停止戰爭，而是讓對手永遠無法再戰。」
> —— 佛朗哥政府內部備忘錄（1939 年）

1939 年 3 月，西班牙內戰正式結束。佛朗哥的國民軍全面攻陷馬德里，殘餘的共和勢力潰散、流亡或被俘，西班牙共和體制就此瓦解。這場持續三年的戰爭，奪走了超過 50 萬人的性命，撕裂了國家、家庭與歷史記憶。

戰爭結束，並未帶來真正的「和平」；所謂的和平，是勝利者定義的秩序與記憶。佛朗哥建立的並非戰後重建型政府，而是一套去共和化、去多元化、去自治化的極權政體。他並未回歸王室，也未成立多黨制度，而是親自成為國家元首、軍隊最高指揮官與唯一政黨領袖，確立了佛朗哥時代（El franquismo）的統治藍圖。

一、「和平重建」的真實意圖：鎮壓、報復與遺忘

內戰結束後，佛朗哥政府推行一系列「和平與和解」的宣傳活動，對外宣稱要重建國家、撫平傷痕。然而實際上，這段「和平時期」是大量報復與制度性鎮壓的延續：

- 戰後審判與清算：內戰後仍有數萬人遭以軍事法庭審判、處決或關押。許多共和黨公務員、教師、醫師與文化工作者被永久除籍，剝奪工作與公民權。

- 強制遷徙與再教育：共和派家庭子女被安置於「國家兒童之家」，接受忠誠教育，目的是斷絕「紅色血脈」。
- 歷史改寫：佛朗哥政府在 1940 年起設立「戰爭紀念機構」，將內戰定義為「西班牙民族重生之戰」，完全否定共和合法性。

這段「勝利後的和平」不僅是統治的延伸，更是記憶的篡改。整個國家的歷史教育、公共敘事與象徵體系被重塑為佛朗哥視角：敵人已被消滅，國家終於回到秩序與神授的正道。

二、法令建構新體制：從軍事領袖到國家元首

1939 年之後，佛朗哥不急於建立正式憲法或回歸王政，而是透過一系列法律文件，逐步建構一個個人集權制國家：

- 1939 年《勝利詔令》：佛朗哥宣布「戰爭勝利即合法性來源」，自封為終身國家元首（Jefe del Estado），獨享立法、行政與軍事權力。
- 1942 年《法院組織法》：設立「國家法院」（Cortes Españolas），但無選舉、無政黨，僅由元首任命，成為諮詢機構。
- 1947 年《王位繼承法》：宣布西班牙為「天主教王國」，但王位由元首決定繼承人，實際仍為佛朗哥專政。

這些法律不僅重塑政體，也刻意模糊制度邏輯，使佛朗哥成為無法被問責、無法被挑戰的統治者。他既非國王、亦非總統，但權力遠超兩者總和。

三、單一政黨與群眾控制體系

佛朗哥鞏固統治的第二個支柱，是建立起一套「黨國合一」的政治結構：

- ◆ FET y de las JONS（統一黨）：唯一合法政黨，融合長槍黨、君主主義者與保守派，其黨章明確將佛朗哥列為終身領袖。
- ◆ 縱向社團制度（Spanish Syndical Organization）：取消獨立工會，所有工人與資方皆需加入由國家管理的職業團體。
- ◆ 青年與婦女組織：強化「西班牙青年陣線」與「女性社團」，從小灌輸愛國、反共、性別角色的忠誠價值。

這樣的制度不再允許反對派、選舉或意見市場的存在，而是將政治變成一種儀式化的忠誠表現：參與即服從，沉默即安全。

四、意識形態的國教化：教會、語言與文化重構

佛朗哥政權將天主教重新納入國家核心，打造出一種融合民族主義與神權正當性的統治意識形態：

- ◆ 教育完全宗教化：學校課綱由教會主導，歷史、倫理與語文課程皆圍繞「西班牙天主教文明」敘事。
- ◆ 語言統一政策：嚴禁加泰隆尼亞語、巴斯克語與其他地區語言的公開使用，標榜「語言即國族」。
- ◆ 文化審查制度：文學、戲劇、電影與新聞全面設立出版審查制度，控制言論與藝術表現。

第 3 章　佛朗哥：從軍人到獨裁者

此體制不僅壓制異議，更建構一種「唯一西班牙」的想像：單一語言、單一宗教、單一價值，並由一人主導。

五、戰後經濟政策與群眾管理

佛朗哥的經濟政策早期以自給自足（autarky）為主，採取重工業國營、對外貿易封閉的策略，試圖建立一個「不受國際左右的民族經濟體」。然而此政策導致嚴重貧困與物資短缺，直到 1950 年代中期才逐步向市場經濟妥協。

為了管理民生與群眾情緒，他推行如下制度：

◆ 食品配給制度：控制糧食與生活必需品分配，以穩定社會秩序。

◆ 軍人與黨員特權：高階軍官與黨工可享有住房、就業與教育優先權，建立忠誠交換體系。

◆ 農村控制網絡：在地方設置鄉政官與警察系統，形成從中央到基層的壓制性治理。

這些政策有效壓制社會動盪，但也進一步鞏固階級不平等與地方隔離，將西班牙推入一段「平靜中的閉鎖時代」。

■ 一場從勝利延伸出的統治工程

佛朗哥的和平，不是妥協的結果，而是勝利強加的秩序。他以「結束戰爭」為名，啟動另一場政治、文化與記憶的全面重構工程。透過法律、教育、宗教與軍事制度的重新排列，他不僅重寫了制度，也重寫了歷史與身分。

第二部：三位人物的崛起軌跡

這是一種制度化的遺忘與選擇性記憶，讓整個社會在恐懼中失語，在忠誠中沉默。佛朗哥時代的開端，不是一場新民主的誕生，而是一場勝利者書寫歷史、消滅敵人、壟斷語言的現代極權建構範本。

佛朗哥：從軍官到獨裁者

本章梳理了佛朗哥如何從摩洛哥殖民戰場上的年輕軍官，一步步成為西班牙的唯一統治者。他的崛起並非偶然，而是結合了戰場聲望、體制聯盟、暴力政治與國際支援的多層策略。

他等待體制崩潰的時機，集結軍人、教會、法西斯群眾與保守經濟菁英，發動政變並在內戰中統整右派力量，進而以勝利者姿態改寫制度。他的統治是歷史性的反革命成果，是將戰爭勝利轉化為長期專制的範例。

佛朗哥崛起的四階段邏輯

階段	關鍵行動	核心策略	代表事件
1. 摩洛哥戰事	建立軍功與聲望	紀律、冷酷指揮、服從體系	里夫戰爭、外籍兵團經驗
2. 體制崩潰期	結盟保守派與教會	保持沉默、擴張人脈、等待時機	鎮壓阿斯圖里亞斯起義（1934）

階段	關鍵行動	核心策略	代表事件
3. 內戰期間	整合右派陣營、肅清異己	敵人政治、唯一合法政黨、軍教結合	統一長槍黨(1937)、白色恐怖
4. 戰後新政體	建立極權體制	黨國合一、歷史重寫、文化控制	王位繼承法(1947)、國家法院組織

第二部：三位人物的崛起軌跡

第 4 章
拉瓦爾：從社會主義者到賣國者

在極權主義的歷史進程中，不是所有合作者都來自軍隊或保守派，有些人來自制度內部、議會中心，甚至曾是民主制度的推手。皮耶・拉瓦爾即是這樣的矛盾人物。他的政治起點來自法國左翼陣營，是一位主張社會改革、勞動正義與普選權的社會主義者。然而，當歷史的壓力鋪天蓋地而來，當民主制度逐漸失去人民信任，拉瓦爾選擇了另一條路：放棄理想，擁抱權力，以「國家生存」之名，與納粹德國合作，成為維琪政府中最具權勢的親德代表。他的政治軌跡，是一條從理想主義通向現實投機的典型法西斯時代路線。

拉瓦爾出身法國中產階級，自幼聰穎，後來成為律師與工人運動辯護人，於 1920 年代進入政界。他善於在政治中斡旋，能與左、右派皆保持良好關係，也因而被認為是「最能代表共和主義務實路線」的中間派人物。在第三共和國的多次改組政府中，他擔任過勞工部長、外交部長，甚至短暫出任總理。他主張對內進行經濟整頓與預算平衡，對外則試圖在列強間維持外交平衡。但隨著 1930 年代歐洲局勢日益惡化，拉瓦爾逐漸從一

第二部：三位人物的崛起軌跡

位社會改革者轉變為一位危機管理者。他開始認為與德國建立穩定關係是法國避免戰爭與內部崩潰的唯一辦法。這種觀點使他在 1935 年簽署與墨索里尼的《羅馬協定》，默許義大利侵略衣索比亞，以換取義大利對抗納粹的表面承諾，卻也在國際間為法國招來譴責。

當德軍於 1940 年迅速攻陷法國北部，巴黎失守，政府撤退至南部城市維琪時，拉瓦爾的角色更加突顯。在國家全面潰敗之際，他主張與德國合作，認為這是保存法國領土、文化與社會秩序的唯一出路。他支持由元老貝當元帥擔任維琪法國首腦，而自己則成為政權中實際掌權者之一。維琪政府的本質是德國的附庸，形式上保有法國主權，實則需向納粹報告並執行其命令。拉瓦爾在任內推動「合作政策」(collaboration)，強調與德國合作非出於屈辱，而是為了法國在戰後重建中保留話語權。他的名言是：「我希望德國在這場戰爭中勝利，因為若德國失敗，布爾什維克將占領歐洲。」

在這樣的邏輯下，拉瓦爾不僅出賣法國外交自主權，更積極配合納粹對猶太人的政策。他批准將法國猶太人送至集中營，對工人進行強制勞動徵召，並全面打壓抵抗運動。不同於佛朗哥的「秩序主義」與奎斯林的「狂熱模仿」，拉瓦爾是一位精算型的政治實用主義者。他相信自己是在做一場政治豪賭——以一時合作換取戰後法國的主導地位。但事實證明，他不但低估了德國的極端性，也錯估了法國人民對納粹的痛恨與對自由

第 4 章　拉瓦爾：從社會主義者到賣國者

的堅持。

1944 年盟軍登陸諾曼第、解放巴黎後，拉瓦爾與貝當一同逃往德國南部，最終在戰爭結束後被押回法國。1945 年，法國法院對其進行審判，罪名包括叛國、協助敵軍、迫害同胞等。拉瓦爾在法庭上為自己辯護，聲稱自己所做一切都是為了法國的「活存」，他從未背叛，只是選擇了「最壞情況下的最少損害」。然而，他的說詞並未獲得寬恕。他被判處死刑，並於 1945 年 10 月遭槍決。死前他仍堅稱自己「是為法國而死」。

拉瓦爾的政治生涯不是英雄也不是暴君，而是現實政治中最危險的角色之一：能夠以理性之名為不義辯護、以和平之名實施暴力的人。他不是瘋狂的極端主義者，而是有計算、有技巧的合作者。他不擁抱納粹意識形態，卻在策略上與其共犯。他並不崇拜希特勒，卻協助其在法國的鎮壓。他代表的是法西斯政治中最難界定、最不易辨識的「灰色地帶」——那些非信仰者、非軍人、非獨裁者，卻在制度解體時選擇站在壓迫者身邊的人。

第 4 章所描繪的拉瓦爾，是對一種政治人格的深度解剖。他不是歷史上的魔鬼，但正因如此，他的存在更加真實、更加警惕。他提醒我們，在極權主義的形成過程中，最可怕的不總是瘋狂的強人，而是那些自認「理性務實」、願意犧牲少數以保全整體的政治技術官僚。他們不像佛朗哥以軍人之姿砲火上陣，也不像奎斯林滿懷狂熱效忠異國，而是坐在會議桌前，用

第二部：三位人物的崛起軌跡

文件、條約、法令與命令，一頁頁將自由與尊嚴剝奪殆盡。

在極權的陰影中，拉瓦爾這類人物構成了現代政治最深層的不安：當制度崩壞，我們究竟會選擇堅持原則，還是走向所謂的「現實路線」？歷史並未對此給出簡單答案，但拉瓦爾的故事，無疑為這個問題提供了最令人不安的版本。

4-1 從律師到社會黨的明星

「真正的共和，建立在說服與服務，而非強制與操控之上。」
—— 皮耶・拉瓦爾（Pierre Laval）

在佛朗哥透過軍功與殖民戰場開啟政治生涯的同時，法國政壇也出現了一位截然不同風格的政治明星 —— 皮耶・拉瓦爾（Pierre Laval）。他不是軍人，也非貴族後裔，更與群眾動員無關。他是律師出身、語言簡潔、思路清晰的現實主義者。曾被稱為「共和制度的奇蹟之一」，卻在歷史終局中，背負了「民族背叛者」的沉重罪名。

拉瓦爾的政治之路充滿矛盾：從左翼理想主義者，到穩健技術官僚，再到與納粹合作的維琪政權關鍵人物。他的崛起，象徵著第三共和的可能性與限度，也映照出民主體制內部自我腐蝕的危機。

第 4 章 拉瓦爾：從社會主義者到賣國者

一、奧弗涅的貧困之子

拉瓦爾於 1883 年出生於法國中部的奧弗涅（Auvergne）地區，出身貧寒，父親是屠夫。他並未就讀名門貴族學院，而是在地方高中取得獎學金，後赴巴黎攻讀法律。年輕時期的拉瓦爾深受工人運動與社會正義影響，曾是熱情的社會主義青年，參與各類罷工辯護，甚至與無政府主義圈有交集。

他的律師生涯迅速打響，尤其以替弱勢者辯護而聞名。他的語言不帶修辭花招，而是務實、直接、極具說服力。這種技術型說服力，讓他在工人與資產階層中都贏得聲望，也為他打開了進入政治的大門。

二、步入政壇：社會主義者的現實轉向

1900 年代末，拉瓦爾正式加入法國社會黨（SFIO），並於 1914 年當選為國會議員。他在黨內屬於溫和派，主張改革優於革命、技術優於情緒。一次大戰爆發後，他支持國防與民族團結政策，與激進派拉開距離，並在戰後轉向國會中間派與獨立社會主義者行列。

1920 年代，拉瓦爾迅速累積政治資本，擔任多屆部會首長，包括公共衛生、勞工與司法。他推動多項改革法案，包括：

- ◆ 擴大社會保險與工傷補償制度；
- ◆ 改善公共衛生設施；
- ◆ 促進工會與資方談判制度的穩定化。

儘管出身左翼，拉瓦爾在執政風格上日益展現出「效率導向、妥協優先、現實為王」的特質。他在政治光譜中越走越偏中間，成為典型的第三共和技術官僚政治風格代表。

三、總理之路與國際事務的磨練

1931年，拉瓦爾首次出任法國總理，當時正值全球大蕭條，法國面臨高失業與債務危機。他採取穩健財政政策，抵制激進的國家干預方案，並強調平衡預算、穩定貨幣。此舉雖獲得資本界好評，卻也使他與左翼選民漸行漸遠。

更關鍵的是，他開始活躍於國際外交舞臺。1935年，他以總理身分與義大利簽訂《拉瓦爾—墨索里尼協定》，企圖交換支持以保住法國在北非的利益。此舉被外界批評為向法西斯低頭，損及法國道義形象。雖協議未獲國會通過，但拉瓦爾的「務實外交」形象已深植人心。

他的崛起證明了一件事：第三共和時期的政治，不靠激情動員，而靠精算、妥協與議會折衝。拉瓦爾掌握這套遊戲規則，在右左之間維持不倒翁姿態，儘管遭致兩邊不滿，卻長期存活於高層政治核心。

四、名聲與風險的雙刃劍

然而，正是這種「兩面策略」與「去意識形態化」的作風，使拉瓦爾日後成為合作主義的象徵。他的政治生涯雖不以群眾動員或革命承諾為代表，卻反映了當時法國民主體制的本質危機：

第 4 章　拉瓦爾：從社會主義者到賣國者

- 制度疲乏：選舉頻繁、政府更迭不斷，使穩健派成為「唯一選擇」；
- 價值模糊：意識形態混濁，讓「國家利益」凌駕於民主原則之上；
- 菁英孤立：政治技術菁英遠離群眾，無法有效回應草根不滿。

拉瓦爾的成功，某種程度上也是共和制度自我削弱的結果。他是人民的代言人，也是制度的替代品——在民主失能與威權尚未崛起的縫隙中，他以「穩定與理性」之名填補真空，卻也埋下後來與納粹合作的邏輯起點。

明星政治的另一面

皮耶‧拉瓦爾的早年政途，是第三共和社會流動的典範。他證明平民亦能靠實力進入政治菁英圈，證明改革不必依靠群眾運動，證明穩健技術亦可取代情緒號召。然而，這條路最終卻導向與民主原則漸行漸遠的政治現實主義。

拉瓦爾從左翼理想者轉變為體制守護者的過程，不僅是個人選擇，更是整個時代對「秩序優於價值」的集體焦慮投射。他的轉折，不僅解釋了他的未來行動，也映照出法國在二戰前夕如何逐步失去民主抵抗的能力。

第二部：三位人物的崛起軌跡

4-2 體制疲乏下的穩定菁英角色

「他不是熱情的領袖，也不是群眾的寵兒，但他是我們唯一能倚賴的人。」

—— 法國工商協會內部備忘（1935 年）

進入 1930 年代的法國，共和體制看似穩固，實則岌岌可危。自第一次世界大戰以來，法國第三共和不斷暴露出體制結構的疲乏：政府更迭頻繁、政黨分裂嚴重、議會失去效率、行政缺乏穩定性。人民對政治菁英失去信任，左翼與右翼的極端化運動同步壯大，街頭暴力與群眾對抗成為常態。

正是在這樣一個「穩定真空」的政治氛圍中，拉瓦爾的形象顯得格外特殊。他既非改革者，也不是壓制者，而是技術官僚、協調者、風險管控者。他提供不了希望，但保證不會出錯；他不激起群眾熱情，但能說服國會、安撫資本、冷靜談判。

拉瓦爾成為一種「體制疲乏下的替代信任」—— 他不是被群眾選出的強人，而是被體制本身選出的修補者。

一、制度碎裂與選舉疲勞的惡性循環

第三共和的制度設計，本質上強化了議會權力，卻未建立穩定多數的政黨文化。結果是：

◆ 幾乎每年更換一次總理，部分政府甚至只存活數週；

◆ 小黨林立，組閣困難，內閣聯盟鬆散無效；

第 4 章　拉瓦爾：從社會主義者到賣國者

- 法案與預算長期延宕，國家行政停擺成為常態；
- 群眾對選舉熱情大幅下降，投票率與政黨忠誠度持續下滑。

這種制度性不穩定導致一種「技術專業主義的補位機制」：當政治人物無法統合民意，技術官僚便成為過渡者，並由財團與官僚體系推舉其上。拉瓦爾正是在這樣的格局中，被一再推上總理寶座。

二、「沒有選擇的選擇」：菁英對拉瓦爾的倚賴

對工商界、保守知識分子與中產階級而言，拉瓦爾是一種風險最小的選項。他不代表變革，也不挑戰資產階級秩序：

- 穩定財政：他反對大規模赤字與貨幣貶值，保護金融體系信心；
- 反對群眾動員政治：他質疑街頭示威與工會罷工的正當性，主張恢復社會秩序；
- 中立外交：在戰前緊張局勢升高時，他以「不惹事」為外交主軸，避免戰爭與外部干擾。

他就像一位冷靜的保全人員，讓動盪中的企業與資本得以喘息。他不是被熱情支持，而是被冷靜選擇 —— 在極端左、右之外，他是中間的不動點。

三、群眾距離與政治冷感的代價

但這種「穩定的選擇」也有代價。拉瓦爾並未真正提出長期國政願景，也缺乏動員群眾的能力。他所代表的體制與政治語言，逐漸遠離民眾生活：

- 工人階層對他的財政緊縮政策極度不滿；
- 青年世代認為他代表「老男人政治」與落伍價值；
- 鄉村民眾則無法從他的外交或貨幣政策中感受到任何實質改變。

在社會極化日益嚴重之時，群眾對於菁英穩定感的信任轉為憤怒與虛無。而當這些情緒尋找出口時，法西斯主義與民族極端主義便成為可接受的答案。

四、拉瓦爾的「危機話術」與修辭操作

與希特勒或墨索里尼的群眾動員式語言不同，拉瓦爾的語言風格始終冷靜、技巧化、重視邏輯與程序。他不鼓舞人心，但善於削弱對手。他常用的修辭策略包括：

- 「必要的犧牲」：面對通膨或預算赤字，他強調「國家不能被情緒綁架」；
- 「外部限制」：在面對德國擴張或國際制裁時，他強調「我們必須在現實中生存」；
- 「技術治理」：他以專業化語言消解政治辯論的道德張力，使爭議看似無爭議。

這種話術有其說服力，特別對議會與中產階級有效，但同時也讓他失去群眾語言的可能。當情勢轉變，這種「去情緒化的領導風格」無法應對民族危機或大規模動員時代的挑戰。

五、預示崩潰的穩定幻象

1936 年人民陣線勝選後，拉瓦爾短暫退居幕後。但這並非他的終章，而是他與體制同步崩潰的前奏。第三共和對「中間技術官僚」的依賴，並未補強制度弱點，反而在關鍵時刻失去民意基礎，導致整個政體無力抵擋極端風潮。

拉瓦爾未能修復共和的根基，卻又成為體制的代表性符號。當共和制度崩潰時，這些象徵穩定的技術菁英，反而成為新秩序招募的首選——他們有經驗、有網絡、沒有政治狂熱，更容易合作。拉瓦爾日後與維琪政權合作的政治心理，即源自於此「從穩定到順從」的角色滑移。

▍體制癱瘓與菁英合作的危險關係

拉瓦爾的中道與務實，曾是共和制度危機中的維穩工具；但這種穩定，沒有能量、沒有願景、沒有改革。他像一面被反覆修補的牆，在第一次衝擊下還能站立，但無法承受持續劇震。

第四共和未曾出現，是因為第三共和的結束不是戰敗，而是體制內部的慢性死亡。而拉瓦爾，正是這種死亡的臨床症狀——看似正常，實則已經失去心跳。

第二部：三位人物的崛起軌跡

4-3 走向合作的心理與結構條件

「當國家崩潰，選擇合作未必是背叛，有時是延命。」

—— 拉瓦爾法庭辯護詞（1945年）

1940年6月，法國在面對德國閃電戰壓倒性進攻下迅速潰敗，德軍兵臨巴黎，政府倉皇撤離至維琪。共和制度解體，軍事瓦解、國會失效、媒體癱瘓、公共信任崩潰。就在這一片廢墟之上，拉瓦爾選擇了合作。他並非唯一選擇合作者，卻是最積極、最深度參與者。他不是被動接受納粹支配，而是主動為德國布局下的「新秩序」奔走與規劃。

這樣的選擇看似背叛，但若從政治心理與歷史條件分析，便可看出，拉瓦爾的合作之路，其實是一連串「務實主義」推論的終點。

一、制度崩潰：合作成為唯一「可操作的政治」

在德國閃電戰中，法國政府迅速潰散，國會無力運作，軍方不再有協調能力。共和機制早已不堪重負，而新的權威尚未誕生。就在此真空中，法國政壇面臨三種選擇：

◆ 逃亡至海外，建立流亡政府（戴高樂方案）；
◆ 轉入地方抵抗或地下運動（共產黨與知識分子方案）；
◆ 與德國達成妥協協議，以保留形式主權與行政控制（維琪方案）。

第 4 章　拉瓦爾：從社會主義者到賣國者

拉瓦爾排除了第一與第二條路。他既缺乏抵抗者的浪漫激情，也不相信無政府的抗戰策略能保住法國。他選擇了第三條路，因為在他的眼中，「合作」不只是屈服，更是掌握殘餘主權、保存行政體系、減少民間犧牲的唯一可能途徑。

二、務實主義邏輯的極端化延伸

拉瓦爾一生標榜務實。他相信，政治不是理念對決，而是現實中最少損失的選擇。他反對戰爭，主張外交平衡；他質疑政治動員，偏好技術妥協。在 1940 年的潰敗場景下，這種「穩定至上」的信念被推至極端——與勝利者對話，才能留下籌碼；抵抗，只會加速毀滅。

他的邏輯是：

◆ 德國已勝，歐洲即將重組，法國只能爭取在新秩序中保留一席；

◆ 維琪政權若主動合作，德國將在外交與經濟上留給法國較多空間；

◆ 若由納粹直接軍管，法國將完全失去治理能力與主權象徵；

◆ 所以，與其讓德國人掌控法國，不如由法國人「管理自己」。

這不是妥協邏輯，而是政治現實主義的終點邏輯——國族尊嚴若無空間操作，就必須先確保國族生存。

三、對群眾不信任與對菁英治理的信仰

拉瓦爾的政治性格深受「菁英治理主義」影響。他從不相信群眾能承擔國家命運,更不認為情緒可以作為決策依據。1930年代的工人運動、罷工潮與街頭示威,在他眼中象徵的是民主失控。

因此,當民主制度瓦解,他反而認為機會來了 —— 國家不必再受選舉左右,不必與黨派妥協,可以由穩健菁英進行「真正的重建」。這也是他在維琪政府中反覆強調的口號:「把國家交還給能治理的人。」

合作,在此不只是應對外敵,而是他早已想像過的「去民主化治理」的政治實驗場合。他希望藉由納粹外力壓制民主與左派力量,建立一種效率至上、秩序為本的「新法國」。

四、反共恐懼與右翼國際主義的認同

1930年代法國的極右與保守派,普遍受到蘇聯革命與工人運動影響,對「共產主義顛覆」有深度恐懼。拉瓦爾亦不例外。他曾多次表示,希特勒雖可惡,但史達林更可怕。

這種「與惡合作以對抗更惡」的思想,使他將納粹視為對抗共產主義的必然盟友。當德國提出以法國勞工與糧食交換對蘇作戰資源時,他迅速應允,並表示「這是對抗布爾什維克的歐洲責任」。他甚至主張:未來的歐洲應由德國與法國共治,以抵抗東方的威脅與西方的衰敗。

這種思想深受戰間期的右翼國際主義影響 —— 不是以民族

自決為中心,而是以「文明秩序」為名義,接納強權合作,對民主原則退讓。

五、「我們不能全都當英雄」:道德現實主義的自我辯護

拉瓦爾在戰後審判中曾說:「我選擇了讓更多人活下來的道路;我不是英雄,但我讓這個國家免於滅亡。」

這句話雖被譏為推卸責任,但也點出其深層心理——他從未想成為法西斯,他只是無法想像另一條現實可行的路。他相信合作是一種歷史務實,不是背叛,而是延命。他反覆強調自己「保存了國家行政系統、避免大規模屠殺、讓學校與醫院繼續運作」。

但問題在於:這種務實,不斷往後推讓底線,最後竟變成輸送勞工、驅逐猶太人、成為法西斯機器的幫凶。務實成為自欺,技巧成為屠殺的技術支援。

▪ 從「理性選擇」到歷史的斷裂點

拉瓦爾的合作不是一次轉向,而是一條漸進的、可被合理化的路。他從不覺得自己變了,只是情勢變了;從不覺得他違背民主,只是民主先背叛了現實。他相信政治必須「可操作」,而在 1940 年的廢墟上,他看見的唯一選項,就是與勝利者對話。

但歷史不會只記得策略,會記得選擇。拉瓦爾的問題,不是他無能,而是他有能力卻將它交付給錯誤的秩序。他的故事,是技術菁英如何在體制崩潰時,走入歷史錯誤的範例。

第二部:三位人物的崛起軌跡

4-4 與德國的合作實踐與道德崩壞

「與野獸共舞,無論原意多純,最後也只會沾滿血腥。」

—— 法國戰後清算報告(1946)

如果說拉瓦爾走向合作,是出於一連串政治現實與心理選擇的延伸,那麼他在維琪政權中的具體作為,則是合作主義邏輯走向極端的實踐證明。他從一開始主張「談判空間」與「保護國民利益」,到後期成為納粹政策的執行協力者、種族驅逐的行政推手、壓制自由的制度設計者,顯示出他不僅接受極權邏輯,甚至在法國內部強化與擴展這種統治模式。

這並非單一決策錯誤,而是一連串制度性行動、法律設計與政策部署所共同構築的道德崩壞鏈。這一節,將從四個層面具體分析拉瓦爾如何實踐合作、延伸極權,並使維琪政權成為納粹在西歐的「地方代理」。

一、政策層面:法律與行政制度的納粹化

在拉瓦爾擔任維琪政府總理與副元首期間,他主導或促成多項政策,將法國的法律與行政體系逐步「納粹化」:

- ◆ 反猶法案制定(1940～1942):不待德國要求,維琪政府即主動頒布《猶太人法令》,限制其就業、教育、財產與公共活動資格。拉瓦爾簽署並支持這些法案,稱其為「國家自我淨化」。

- 反共與反左翼政策：拉瓦爾主導清除地方政府中任何與工會、社會黨、共產黨有關的人員，並設置「政治可靠性審查」制度。
- 新聞與出版審查制度：報刊、電臺、書籍必須經由維琪情報部門事先審核，對外發言則需經政府授權，言論自由徹底崩潰。

他強調這些法案是「必要之舉」以維持秩序與減少德國介入，然而實際上，這些政策讓法國變成德國所需的「主動服從社會模型」。

二、人力與資源：為納粹提供戰爭機器燃料

除了行政整合，拉瓦爾更主動支援納粹戰爭經濟與軍事行動：

- 1942年「勞工互惠協議」：法國與德國達成協議，將大批年輕男性送往德國勞改工廠，以換取部分戰俘返還與糧食供應。拉瓦爾積極推動此案，甚至在國會演說中說出：「我希望德國勝利。」此語引發全國震驚。
- 物資供應與農產調度：法國農業體系幾乎全數納入德國軍需管理體制，糧食、鐵路、港口優先支援納粹軍方調配。
- 警方合作：維琪警察積極配合德國蓋世太保執行拘捕、盤查與情報傳遞任務，建立雙重情報網絡。

這些行動不僅擴大了德國的軍事續航能力，也直接將法國社會捲入納粹戰爭機器中，使原本口中的「有限合作」轉變為全方位共犯結構。

三、道德底線的徹底崩潰：對猶太人的交出與驅逐

最無法辯解、也最具歷史重量的合作行動，是拉瓦爾對猶太人社群的積極迫害：

- 1942 年「巴黎大搜捕」：拉瓦爾批准法國警察於 7 月進行大規模突襲，逮捕超過 1 萬名猶太人，包括 4,000 多名孩童，全數送往德國集中營，最終幾乎全數死亡。
- 主動驅逐政策：拉瓦爾主張「猶太問題是歐洲共同議題」，在不被德國要求的情況下便已開始編列猶太人名冊、剝奪財產並組織驅逐列車。
- 道德正當化語言：他曾公開表示：「我們若不交出猶太人，德國將報復我們全體；保護法國多數人，需要我們犧牲少數。」

這樣的說詞試圖將合作合理化為「倫理選擇」，但實際上卻反映出行政效率與道德真空相結合的極權病態。

四、維琪社會秩序的再設計：法西斯式的社會工程

拉瓦爾不滿足於被動應對德國要求，而是積極推動法國社會再設計，以建立「順從、紀律、反共」的國家新秩序：

第 4 章　拉瓦爾：從社會主義者到賣國者

- 教育改革：恢復宗教教學、強調家庭主義與國族忠誠，將自由、平等、博愛的共和核心價值換成「勞動、家庭、祖國」三原則。
- 社會結構再編：重整社會保險制度，取消罷工權，改由國家授權工會組織勞動制度，建立「階級和諧」而非「階級鬥爭」社會觀。
- 青年動員體制：仿效德國納粹青年團，設立「法國青年團」，訓練身體、紀律與服從，淡化個人權利意識。

這一切不是臨時政策，而是一套有意識、有系統的社會工程，拉瓦爾的政治願景在此清晰展現——打造一個無需民主、無需爭辯、只需執行的「效率國家」。

■ 從妥協者到共犯者的分界線

拉瓦爾的合作並非始於惡意，而是始於一種信仰：相信制度優於情緒、合作優於衝突、延命優於毀滅。然而，當制度被納粹滲透，合作變成壓迫工具，他沒有選擇退出，而是主動加速進程。從那一刻起，他不再是務實者，而是共犯者。

他所代表的不只是個人的墮落，而是政治務實主義在極端情境下可能走向的最黑暗版本。當價值讓位給技術、當行政效率壓倒道德原則，一個溫和的社會主義者也能成為驅逐列車的發車人。

第二部：三位人物的崛起軌跡

拉瓦爾：從穩定派到共犯者

本章全面描繪了皮耶・拉瓦爾如何從一位第三共和體制內的穩定技術官僚，逐步滑向極端合作主義的深淵。他的政治路線不是暴力革命，而是溫和滑移：從法律、行政到道德，都在看似理性與務實的名義下瓦解原則。他不是典型的法西斯領袖，卻成為法國與納粹合作體制中最積極的設計者與執行者。

拉瓦爾之所以成為歷史警訊，不在於其獨斷，而在於他代表一種常見菁英心理：當危機降臨、體制崩潰、人民恐慌之際，若沒有堅定的價值守備線，再穩健的理性也可能導向制度性暴行的合法化。

合作路徑四階段對照表

階段	關鍵行動	合作型態	歷史影響
1. 情勢評估	接受德國勝勢、拒絕流亡與抵抗選項	務實主義合作	保住政體與行政資源
2. 法制納粹化	推動反猶法案、壓制左翼、審查言論	結構性合作	行政法制與納粹同構化
3. 資源與人力支援	提供勞工、警力與糧食	軍事與經濟合作	支撐德國戰爭後勤體系
4. 社會工程實踐	教育改革、青年團組織、反民主政策	意識形態合作	重塑法國為納粹次級秩序

第 4 章　拉瓦爾：從社會主義者到賣國者

關鍵合作行動時間軸（1940～1944）

時間	關鍵行動
1940.07	維琪政權成立，拉瓦爾入閣
1940.10	起草並通過反猶法令第一版
1942.03	主導法德勞工交換協議
1942.07	巴黎大搜捕行動，交出猶太兒童
1943.01	成立法國青年團與國民工作局
1944.06	同盟國諾曼第登陸，拉瓦爾權力式微

第二部：三位人物的崛起軌跡

第 5 章

奎斯林：北歐的納粹代理人

　　在現代政治語彙中，「奎斯林」(Quisling) 一詞已不再只是人名，而是「賣國賊」、「背叛者」的代名詞。這樣的象徵性是奎斯林一手打造的歷史遺產，也是他對挪威、對歐洲、對民主政治所造成的深層創傷。不同於佛朗哥那樣的軍事獨裁者，也異於拉瓦爾那樣的政治務實派，奎斯林的角色是一位將外國侵略視為機會、以民族主義語言包裝奴役現實的極端合作者。他的故事不只是挪威的悲劇，更是一場對法西斯政治自願投誠的極端樣本。

　　維德孔・奎斯林出生於 1887 年，出身中產階級，具備良好軍事與外交教育背景，曾在俄羅斯與東歐地區擔任挪威外交官，也參與過人道救援與紅十字會的工作。他對文化、歷史與哲學皆有涉獵，甚至在早期曾被稱為「教授型軍官」。但在第一次世界大戰與俄國革命的衝擊之後，奎斯林逐漸走向反共、反民主的政治立場。他認為現代自由制度無法維繫社會秩序與民族榮耀，並開始醞釀一套結合日耳曼主義、基督教神祕論與軍事統治的意識形態，這成為他日後成立「國家統一黨」（Nasjonal

Samling）的理論基礎。

1933 年，奎斯林創建國家統一黨，模仿納粹黨的組織與口號，自稱為「元首」，並以「重建挪威民族純潔性」為政綱。然而該黨在選舉中毫無斬獲，民意支持低迷。對於多數挪威人來說，奎斯林的政黨既非歷史延續，也非制度改革，而是一場政治模仿秀與脫節的幻象。然而奎斯林並未因此消失，反而在德國納粹勢力擴張過程中尋求機會。他多次訪問柏林，與希特勒的親信如阿佛烈・羅森堡等人會面，主動提出若德國願意協助他奪取政權，他將全力配合德軍占領挪威並建立親德政府。

1940 年，德軍啟動「威悉演習」作戰計畫，閃電入侵丹麥與挪威。正當挪威王室與政府試圖逃離首都奧斯陸時，奎斯林透過電臺宣布接管政府，自封為首相，並指示軍隊停止抵抗。這場「電臺政變」雖未獲國王與議會承認，但卻為德軍在軍事上提供了進一步的便利。他隨後成為德軍占領當局的主要協力者，協助納粹推行軍事管理、控制媒體、打壓反抗勢力，並積極推動納粹化政策。

1942 年，奎斯林正式被任命為挪威首相，領導完全由國家統一黨成員組成的傀儡政府。他將納粹政治結構引入挪威，強制組建青年組織與黨衛軍，取締所有反對政黨與媒體，並要求人民效忠「新秩序」。他配合納粹推動種族政策，協助逮捕猶太人與異議分子，也向德軍輸送勞工與資源，甚至將挪威青年送往東線戰場。挪威社會並未沉默，地下抵抗運動迅速發展，王室

第 5 章 奎斯林：北歐的納粹代理人

與流亡政府在倫敦持續呼籲國際援助，人民以各種形式表達反對，例如拒絕加入組織、破壞基礎設施、庇護逃亡者等。

奎斯林在政權中並未受到德國真正信任，德國人視其為工具而非盟友。即使在名義上是首相，他在實際上常被德軍與蓋世太保凌駕，其命令需經德國專員批准。奎斯林渴望在希特勒眼中成為北歐版本的納粹英雄，卻始終無法獲得完全信任與授權。他的政治想像與現實角色形成了荒謬的落差：一位宣稱為民族復興而戰的領袖，卻成為異國軍隊的傳聲筒與打手。

1945 年德國戰敗，挪威重獲自由，奎斯林迅速被捕，並遭到國內社會一致譴責。他於同年接受審判，被控叛國、協助敵軍、非法執政、屠殺同胞等罪名。審判過程中，他堅稱自己「從未背叛祖國，而是試圖拯救挪威免於戰火與混亂」，但這種辯解既無邏輯也無說服力。他被判死刑，並於 1945 年 10 月 24 日槍決於奧斯陸郊區。挪威社會在其死後展開大規模的「去納粹化」與民族療癒工程，他的名字則永遠烙印在歷史上，象徵極權政治中最骯髒的那一面。

奎斯林的歷史意義，不只是行為的背叛，更是信仰的墮落。他將民族主義轉化為工具，將愛國之名用作奴役之實。他的政治語言與表面忠誠，掩蓋了徹底服從與道德虛無。他提醒我們，極權政體不僅來自侵略與暴力，更來自內部那些願意合作、願意效忠、願意出賣的人。他不瘋狂、不激進，卻極端地計算、極端地獻身於權力。

第二部：三位人物的崛起軌跡

第 5 章不只是奎斯林的傳記，更是一面鏡子：在強權來襲時，國家中的每一個體制與每一個個人，是否擁有足夠的倫理底線與制度保護來抵擋誘惑與恐懼？奎斯林代表的不是一個人，而是一種選擇 ── 當國族成為語言，當服從被美化成忠誠，當政治不再有底線，歷史將會以他的名字命名一種永恆的背叛。

5-1 軍官與外交官的雙重背景

「他用外交語言思考國族，用軍事邏輯實踐統治。」

── 挪威歷史學者 阿爾涅・奧斯蘭（Arne Østland）

當我們回顧維琪法國的拉瓦爾是如何以技術官僚身分走向納粹合作主義時，挪威的維德孔・奎斯林（Vidkun Quisling）則展現出另一種面貌：軍事紀律與文化使命交織的政治投射者。他既不是體制內的穩定派，也不是基層群眾的動員者，而是一位透過理性規劃與宗教想像，試圖「重建北歐文明」的行動者。

奎斯林並非單純的政治投機者，他是一位有深厚軍事專業與國際經驗的官僚菁英，其早期人生展現出對紀律、秩序與民族理想的強烈執著。他不是在民粹中崛起，而是在外交事務與學術反思中逐步形塑自己的世界觀，最終導向極端主義政治。

第 5 章　奎斯林：北歐的納粹代理人

一、軍事訓練與紀律養成

奎斯林生於 1887 年，父親為路德教會牧師，自幼在一個崇尚紀律與宗教的家庭中長大。1905 年挪威獨立時，他正在軍事學校接受訓練，深受當時新國族意識啟發。

他在軍中以極端嚴謹、理論基礎扎實、執行力強著稱，不僅學習傳統軍事戰略，更對地政學與戰略文化產生濃厚興趣。1911 年成為正式軍官，並參與挪威與俄國邊境的防禦規劃任務。這段軍旅生涯，使他將「國家穩定＝軍事紀律」內化為政治信念。

二、東歐經驗：外交工作與反共意識形成

1918 年第一次世界大戰結束後，奎斯林被派往俄羅斯、芬蘭與烏克蘭，參與挪威對東歐難民的援助與情報任務。他與當地白軍（反布爾什維克勢力）接觸頻繁，親眼目睹蘇聯內戰後的社會動盪與紅軍暴力。

這段經驗徹底改變了他的世界觀：

◆ 他開始深信布爾什維克主義是歐洲文明的最大威脅；

◆ 將個人自由主義視為導致社會混亂的根源；

◆ 認為只有強力的國家紀律與傳統價值才能抵禦共產主義。

奎斯林在日記中曾寫道：「蘇聯不是國家，而是病菌——侵蝕歐洲文化的病毒。」

這份反共意識，並非來自意識形態鬥爭，而是來自第一手的文化衝擊與恐懼經驗，對他後續政治選擇影響深遠。

第二部:三位人物的崛起軌跡

三、文化理想與北歐優越論的結合

奎斯林在 1920 年代回到挪威後,並未立即進入政界,而是投身文化寫作與政策研究。他深信北歐民族具有獨特使命,應擔負起歐洲文明再生的責任。他提出的幾個核心觀點包括:

◆ 北歐人具有道德純潔性與治理理性;

◆ 挪威在歷史上是自由與信仰並存的典範;

◆ 歐洲衰退是因民主混亂、階級對立與文化失根。

這些觀點後來構成他政治思想的雛形,也讓他在挪威保守派知識圈中贏得聲望。1931 年,他創辦自己的政黨——「國家統一黨」(Nasjonal Samling),即以這種文化復興論為政綱核心。

四、軍官式的政治風格:反對妥協、信仰命令

奎斯林的軍官背景也深深影響他的政治操作方式。他習慣用軍事邏輯看待政治:

◆ 強調垂直指揮與個人服從;

◆ 拒絕多黨制與程序民主;

◆ 主張政策不應由民意決定,而應由「有遠見的菁英」設計。

因此,他與傳統挪威議會文化格格不入。他反對議會辯論與政黨妥協,認為那是「人民浪費時間與社會能量的表現」。他的政治語言中,充滿軍事隱喻與道德使命感,將自己定位為「民族命運的實踐者」。

五、國際法西斯網絡的早期連結

在1930年代初,奎斯林曾赴德國與義大利考察,並與納粹黨人建立連繫。他雖未立即仿效德國的極端種族政策,但對希特勒的秩序與動員能力深感讚賞。他回國後即表示:

「如果我們不能像德國那樣有紀律地生活,那我們不配稱為北歐民族。」

他的國家統一黨採納納粹式制服、儀式與青年訓練體系,但在意識形態上更傾向文化優越論與反共主義,反映出他試圖將德式法西斯外殼與北歐精神融合的政治創造。

權威人格與理想型治理的結合

奎斯林的政治誕生並非源於民粹衝突,而是一種由上而下的權威工程構想。他既是軍事體系訓練出的紀律主義者,也是一位以文化使命為出發點的民族主義者。他所構想的不是鬥爭型法西斯,而是治理型威權——一種由「純粹民族精神」與「有能菁英統治」共同支撐的秩序。

這種結構性人格,使他在面對納粹占領時,比其他政治人物更早選擇合作;不因個人利益,而是因他真誠相信:德國代表的秩序,是他理想政治的實踐者。

第二部：三位人物的崛起軌跡

5-2 挪威的失守與德國的接管

「國家未被軍事征服，而是被秩序的幻象瓦解。」

—— 挪威戰後國會報告（1946）

1940年春，挪威這個一向保持中立、政治溫和的斯堪地那維亞小國，成為德國納粹帝國戰略地圖上的重要節點。納粹德國在推進其「新歐洲秩序」的過程中，選擇在不宣戰情況下，對挪威實施突襲式軍事行動，迅速接管港口、通訊與首都。這不僅是軍事上的「快速戰爭」成功案例，更是一場外交、情報與內部代理人交織的政治實驗。

而奎斯林，就是這場接管行動中最關鍵的內應。他不是被動接受，而是主動設計，甚至搶在德軍尚未完全占領首都前，就自行宣布成立新政府，成為歷史上少數在敵軍尚未進城前即宣布政權轉移的合作者。他的行為並非一時衝動，而是長期政治理想與軍事分析交織出的「主動迎接秩序」。

一、納粹戰略中的北方通道

德國在1940年初，為確保鐵礦與海上戰略安全，決定同時入侵丹麥與挪威。其目的如下：

- ◆ 控制北海航道：防止英國干擾其與瑞典之間的鐵礦運輸；
- ◆ 封鎖蘇聯對西歐情報滲透線；

第 5 章　奎斯林：北歐的納粹代理人

◆ 預先掌握可能成為同盟國前進基地的港口（特隆赫姆、卑爾根、納爾維克）。

挪威軍事上雖無強力反擊能力，但德國仍面臨外交與輿論風險。因此，一場「合法性包裝」的內部政變與過渡政府合作機制，對希特勒而言，是降低成本與風險的理想選項。

奎斯林，就是這個選項的最佳人選。

二、政變中的「先發聲明」：奎斯林的自主演出

1940 年 4 月 9 日，德軍自海陸空同時進入挪威境內，數小時內即攻占奧斯陸機場與港口。而在軍隊尚未完全抵達首都的情況下，奎斯林透過國家廣播電臺，自行宣布接管政府，並以「防止無政府狀態」為由，自封為首相。

這段歷史性的廣播內容，是歐洲合作主義歷史上的罕見案例：

「為防止國家陷入混亂與敵對軍隊的報復行動，挪威政府已由國家統一黨接管。我呼籲所有公務體系維持運作，並與德國合作確保秩序。」

他實際並未獲得合法任命，也未取得挪威國王哈康七世與議會的同意，但他的行動與德軍計畫緊密配合，成為事後統治合法化的媒介。這場「象徵先於現實」的政變，代表奎斯林作為納粹代理人的自我登場。

三、國王拒絕與民眾反彈：統治正當性的危機

奎斯林的「自封政府」並未獲得社會支持。挪威國王哈康七世拒絕與納粹政權合作，並發表公開聲明指出：「若臣民不願接受新政權，吾寧選擇與民同亡。」此番表態迅速點燃社會反抗情緒：

- 地方官員與公務體系多數拒絕聽命奎斯林；
- 教會與知識界發起文告抵制，稱之為「違背基督教與挪威精神」；
- 民眾自發組織地下出版與抵抗行動，納粹統治遭遇意料之外的軟性頑抗。

雖然德國軍隊掌握了行政中心，但奎斯林的統治並未真正獲得社會整合——他代表的是外來秩序的代理人，而非國族延續的象徵。

四、德國的懷疑與奎斯林的堅持：合作者的孤立

即便在德國方面，對奎斯林也始終保持疑慮：

- 希特勒曾評價他為「可靠但無力」，缺乏動員能力；
- 德國特使特爾博芬（Josef Terboven）被直接派往挪威，實質掌控軍政大權；
- 奎斯林僅被允許處理有限的內政，且需事事請示德方，權力極不對等。

即便如此，奎斯林仍持續試圖向德國展現忠誠與能力：

◆ 建立法西斯式的青年組織；
◆ 推行「北歐純血民族」教育課綱；
◆ 打壓教會、壓制報刊、驅逐猶太人。

他視納粹政權為「文明秩序」的延伸，並認為德國最終將讓挪威在新歐洲秩序中扮演核心角色。然而事實是：他被德國當作占領緩衝區的象徵性人物，而非實質夥伴。

五、象徵統治的幻影：奎斯林名字的歷史轉變

奎斯林對德國的合作並未讓他獲得國內支持或國際承認，反而在戰爭期間與戰後，成為「背叛者」的代名詞。1942年，《泰晤士報》率先使用「Quisling」作為普通名詞，意指「通敵者、內奸」，其後迅速被多國媒體與政府採用。

他成為歷史上少數以個人名字象徵政治類型的例子，其原因不只在於他合作，而在於他的合作具備幾個特色：

◆ 主動：未被迫接受，而是積極爭取；
◆ 觀念性：以理念與文化使命包裝行動；
◆ 價值倒錯：以民族救贖之名實施民族背叛。

這些特性使他不只是歷史中的一個人名，更是一種政治現象的縮影。

第二部：三位人物的崛起軌跡

◾ 國破之日的道德演出

挪威在德軍進犯下失守，但奎斯林的合作選擇，使這場軍事行動迅速轉化為一場「政治轉化劇」。他不僅是合作者，更是一位自認為救世主的代理者，將個人理念投射於整體國家命運之上，結果卻是錯誤時機、錯誤對象與錯誤歷史角色的結合。

他用軍人般的紀律實踐政變，用外交官的語言包裝統治，用民族主義掩飾順從，最終讓「奎斯林」成為通敵者的國際同義詞。這一章的歷史不只是占領的故事，而是關於一個人如何以理念之名，協助建立他本應抵抗的秩序。

5-3 奎斯林統治下的「新秩序」實驗

「他試圖建立一個沒有人願意居住的國度，並稱之為文明。」
—— 挪威歷史學者 約恩・艾斯克納斯（Jørn Esknass）

1942 年，德國占領挪威兩年後，納粹正式承認奎斯林為「國民政府首腦」（Minister president），雖實權仍由德國專員特爾博芬掌握，但此舉給予奎斯林足夠政治空間，實踐其構想已久的「北歐新秩序」。

這場政治實驗並非僅限於協助德國占領、配合軍事統治而已。對奎斯林而言，這是實現其理想國藍圖的唯一機會：一個結合北歐純血神話、反共秩序、基督教民族主義與集中化統治

的新型政治體制。他要的不只是統治權,而是重塑人心與社會結構的全面轉化。

但這場「理念治國」的實驗,從一開始就注定失敗,因為它無視民意、否定傳統,並在實施過程中演變為高壓控制與象徵統治的幻象。

一、單一政黨統治與民族再教育工程

在獲得德國承認後,奎斯林立刻將其政黨「國家統一黨」(Nasjonal Samling)定為唯一合法政黨,並將政府體系全面政黨化:

- 所有公務員需加入該黨,否則視為不忠;
- 教育系統由黨派機構接管,課綱強調「北歐純血」、「反布爾什維克」、「忠誠與紀律」;
- 國旗、制服、代表、禮儀全面轉為黨國象徵,儀式化治理成為常態。

奎斯林並非僅模仿納粹制度,而是試圖融合北歐神話與現代國族機器,打造出一種「有文化使命的極權秩序」。他稱這是「挪威真正的文明復興」。

然而,在教育與行政領域中,教師大規模罷課、學生與家長聯署抗議,反對政權滲透學校,導致政策推行一再受阻。他的理想主義遇上的是來自基層社會的堅定拒絕。

第二部：三位人物的崛起軌跡

二、對教會與家庭制度的介入

挪威是一個高度宗教化的社會，路德宗教會在國家文化中占有核心地位。奎斯林試圖整合宗教為國家秩序的一部分：

- ◆ 要求教會牧師宣誓效忠新政權；
- ◆ 推動「神聖領袖論」：將奎斯林比擬為帶領北歐民族重生的選民；
- ◆ 將婚姻、家庭教育納入國家管制範圍，並強調「家庭即國家細胞」。

這些政策觸動社會保守底層的價值防線，數百名牧師集體辭職、地方教會拒絕舉辦國家儀式，使奎斯林政權在精神象徵領域陷入失能。

三、社會動員與青年控制體制

奎斯林特別重視青年群體的控制，認為新國度的穩定必須由「從小訓練忠誠」開始。他仿效納粹青年團，創設「挪威青年統一團」（NS Ungdomsfylking）：

- ◆ 所有 12～18 歲學生強制加入，進行軍事訓練、唱黨歌、接受政治教育；
- ◆ 男性學員接受半軍事組織訓練，女性被導向家庭與母職價值；
- ◆ 週末營隊、露營儀式、大型集會，強化個人服從與群體榮譽。

然而，挪威家庭普遍對這種國家接管育兒的制度感到反感，

許多家長選擇送子女進入地下學習圈,或冒險退出青年團。政治控制愈加強化,社會對抗就愈加隱性與擴散。

四、對猶太人與異議分子的政策

雖然挪威猶太人口不多,奎斯林政府仍積極配合納粹政策,執行種族驅逐與社會清洗:

- 1942 年底,政府與蓋世太保合作,逮捕超過 700 名猶太人,送往奧斯威辛集中營,僅數十人倖存;
- 設立「國民誠信登記處」,針對異議分子進行調查、列冊與行政懲處;
- 建立「國民法院」,審判「思想犯罪」與「精神叛國」行為。

這些政策象徵「新秩序」進入高壓化階段。奎斯林所謂的文明建構,逐漸轉為廣泛社會控制與恐懼管理。

五、幻象破裂:統治的象徵性與實質性脫鉤

到 1943 年後,隨著德國戰況惡化、同盟國反攻加劇,奎斯林的政權越來越形同虛設:

- 德軍開始削弱其政務自主性,更多直接由特博文下令;
- 黨員人數下滑,民間反抗升高,地下報紙與抵抗網絡遍地開花;
- 奎斯林不得不依賴更強硬手段維持象徵性統治,卻反而失去更多人心。

第二部：三位人物的崛起軌跡

　　他的政治實驗，從「秩序建構」變成了「權力殘影」。這場以理念為名的治理模型，終在現實與民意前崩解，只留下軍隊、儀式與空洞命令。

■ 政權是一場無人加入的儀式

　　奎斯林的「新秩序」並非暴力奪權的結果，而是一場理念先行、政策過度、人民缺席的政治悲劇。他深信可以靠紀律與教育重塑一個民族，卻未理解真正的民族認同來自歷史與社會共感，而非由上而下的國家設計。

　　他構建的是一場沒有群眾的政治、一種失根的信仰、一套未被需求的制度。最終，他被人民遺棄，也被歷史譴責——不只是因為通敵，更因為他錯估了人民，錯讀了時代。

5-4 崩潰與審判：從國家首腦到歷史罪人

　　「他在自己建構的神殿中等待救贖，卻迎來審判。」
　　　　　　　　　　　　—— 挪威戰後國家報告（1947）

　　當納粹德國於 1944 年末至 1945 年初逐步潰敗時，奎斯林的政權也陷入全面失控狀態。他所領導的「新秩序」已名存實亡，不再具備統治功能，只剩形式上的象徵與德國軍事占領的延長線。

　　然而，奎斯林本人始終未放棄希望。他仍堅信自己是北歐

第 5 章　奎斯林：北歐的納粹代理人

文明的守護者,並期待有朝一日能藉由德國「最終勝利」重新獲得正當性。他的幻象並未隨戰局瓦解而崩潰,而是隨著德軍撤退、抵抗軍進城、同盟國勝利的事實,被歷史與法律攤開檢視,最終成為通敵罪的象徵案例。

一、德國潰敗與政權自行瓦解

1944 年底至 1945 年春,德軍在歐洲全面潰退,盟軍自西線與東線雙重壓境。挪威雖未成主戰場,但其戰略意義大幅降低。此時:

◆ 德國將重兵調離挪威,僅留下象徵性駐軍;
◆ 特爾博芬失去控制力,挪威地方抵抗組織迅速活化;
◆ 奎斯林政權內部人心渙散,部分高官開始準備逃亡、毀證或轉向。

奎斯林仍堅守奧斯陸,並在 1945 年 4 月希特勒自殺後發表無人收聽的廣播講話,宣稱「北歐民族將在混亂中重生,我們的信念終將被歷史證明為正確」。

這是一段完全與現實脫節的演出,奎斯林不再治理任何實質領土,也不再擁有實質命令權。他成了政治建築廢墟上的孤影。

二、投降、逮捕與押解

1945 年 5 月 8 日,德國正式無條件投降。翌日,挪威抵抗組織「霍姆斯特拉」(Hjemmefronten)接管政府設施,並由流亡政府代表返國組閣。

第二部：三位人物的崛起軌跡

　　奎斯林未逃亡，也未求庇護，而是親自前往政府辦公大樓請求與國王對話，表示願接受任何政治安排與審判。他堅稱：

「我所做的每一件事，皆為國家之存續與人民之和平。歷史會原諒我，因為我忠於我的民族。」

　　他當即被逮捕、押送至奧斯陸國家監獄，並迅速進入軍事法庭程序。他的姿態仍然是理性與自信的，不承認錯誤，只陳述自己「不為個人利益，而為民族理念」。

三、戰後審判與控訴內容

　　挪威軍事法庭針對奎斯林提出多項重罪控訴，主要包括：

◆ 通敵叛國：協助納粹入侵、組建非法政權、破壞憲法秩序；
◆ 協助納粹政策執行：交出猶太人、配合德國軍事行動、壓制民間反抗；
◆ 系統性壓制民主：建立一黨專政、打壓教會與新聞自由；
◆ 破壞國族尊嚴與社會信任：配合德軍掠奪資源、破壞教育與司法制度。

　　審判中，奎斯林堅稱自己未直接殺人、未親手參與迫害行為，並強調其行動「合法且合乎國家利益」。然而，大量文件、證人與政策紀錄證實他在各項合作行為中扮演積極角色。

四、判決、執行與國家記憶的塑形

　　1945年9月，奎斯林被判處死刑。他的最終辯護並非懺悔，

第 5 章　奎斯林：北歐的納粹代理人

而是一次充滿自我神話的告別：

「我接受死亡，但拒絕羞辱。願我的民族終有一天理解我所做的選擇。」

1945 年 10 月 24 日，奎斯林在奧斯陸城堡內被槍決，年僅 58 歲。他沒有留下遺書，僅要求遺體安葬於家族墓地，不立碑、不設像。

戰後，奎斯林之名被挪威社會封存為歷史罪名的代名詞，學校教材、媒體報導與集體記憶中，他被塑造成「叛國典範」，而非政治失敗者。他的名字不再僅屬於一人，而成為一類人 —— 通敵者的象徵語言。

五、政治失敗還是人格悲劇？

對奎斯林的歷史評價，一方面是對其合作主義行為的譴責，但另一方面，也引發部分歷史學者的辯證式提問：

◆ 他是否真認為自己在拯救國族？
◆ 他的政治理念是否僅為獨裁鋪路，還是出於信仰秩序的幻想？
◆ 他是否是少數「理性合作」走到極致、卻遭現實全面打臉的領袖？

無論答案如何，他都代表了一種歷史模式：當理念脫離人民、制度忽視民意、信仰凌駕現實時，政治就會成為個人幻覺的劇場。

第二部：三位人物的崛起軌跡

■ 歷史的名字，國族的鏡像

奎斯林的崩潰不是突然的，而是結構性的。他的統治建立在外來軍力、制度空殼與理念幻象上，一旦外力崩解、現實撕裂，他所堅信的秩序便無所依附。他的審判不只是法律正義的展現，更是民主制度對合作主義的歷史總清算。

他的名字，從此不再是個人，而是一種歷史錯誤的代號、一面民族自我警惕的鏡子。每一個民主崩潰的時代，都可能再產生一個「奎斯林」；而每一次對他的記憶，都是提醒人民：真正的忠誠，不是服從權力，而是堅守原則。

奎斯林：理念主義的極權悲劇

本章聚焦於維德孔・奎斯林如何從軍人、外交官轉變為納粹在挪威的代理人，並在德國軍事保護下推行「新秩序實驗」。他不是出於貪婪或懦弱選擇合作，而是出於深信：北歐民族應由紀律與信仰統治，民主無法抵抗混亂。

奎斯林的統治不是一場占領下的軍事傀儡，而是一次極權政治理念的在地實驗。他自認為是民族拯救者，最終卻成為歷史譴責的對象。他的結局提醒我們，當政治失去人民，理念再高遠也可能墜入深淵。

第 5 章　奎斯林：北歐的納粹代理人

▪ 奎斯林政權崩潰流程圖

德國軍力支持→推行一黨制與民族再教育
↓
社會抵抗升高（教會辭職、教師罷工）
↓
德軍戰敗→軍力抽離，象徵政權失效
↓
群眾拒絕→政策崩解，行政系統癱瘓
↓
德國投降→奎斯林自首→被捕審判
↓
歷史定罪：名字轉化為通敵代名詞

奎斯林審判關鍵事件對照表（1940～1945）

時間	事件	備注
1940.04	奎斯林宣布政變，成立親德政府	未獲合法授權，先於德軍進城
1942.02	被德國承認為「國民政府首腦」	實際權力仍由德國控制
1942～1944	推行青年動員、教育整合、黨國體制建設	引發廣泛社會抵抗
1945.05.08	德國無條件投降，奎斯林政權正式崩潰	國王與流亡政府復位

第二部：三位人物的崛起軌跡

時間	事件	備註
1945.05.09	奎斯林前往自首，隨即遭到逮捕	拒絕逃亡，堅稱自己無罪
1945.09	軍事法庭審判開始	控以叛國、協助迫害、破壞體制
1945.10.24	執行死刑（槍決）	名字成為歷史「叛國」代名詞

第三部：
統治結構與國家重構

　　當政權鞏固後，極權統治不再只是群眾動員或領袖魅力的展現，而是進入一個更深層的階段：國家機器的全面重構與統治邏輯的制度化。這一部聚焦於佛朗哥、拉瓦爾與奎斯林如何將其政治意識形態具體化為行政、法律、教育與文化上的秩序安排，形塑出一個服從為常態、異議為威脅的新社會。

　　佛朗哥打造了一個高度集權的軍事政體，以天主教、長槍黨與軍隊構成統治鐵三角；拉瓦爾則在德軍監視與合作壓力下，維持表面合法性同時協助執行納粹政策，強化對異己的清除；奎斯林則將納粹思想全面內化，試圖在挪威建立一個「民族純化」的現代國家。

　　在這些體制中，教育被洗成忠誠工具、媒體被轉化為話語壟斷機器，歷史記憶遭到重寫，公民身分被重新定義。權力不再單靠暴力，而是滲透至每一個人的日常生活、語言、家庭與思想中。法西斯的治理美學，是以秩序為名的全面控制，是以「安定」為名的自我審查文化。

第三部：統治結構與國家重構

　　本部並非僅僅重構統治模型，更希望揭示：極權並不總以強暴姿態現身，它可能看似井然有序、甚至受到一部分民意支持。唯有看清這種制度化暴力的運作邏輯，民主社會才有機會在未來抵擋它的重生。

第 6 章
體制設計與領袖合法性

極權政權的可怕不僅在於其奪權手段的暴力，更在於奪權之後的合法性重構與體制設計。一個獨裁者若無法說服人民「這一切是合理的」、「這是歷史的選擇」、「這符合民族命運」，那麼他的權力再大，也只是暫時的暴力支配而非制度穩固。正因如此，佛朗哥、拉瓦爾與奎斯林三人在奪取政權或合作統治之後，無不試圖建立一種新形式的合法性體系——不論是透過選舉的假象、法律的編造、宗教的背書或民族主義的再建構，都展現出極權制度中對「形式合法性」的深度依賴。

佛朗哥在西班牙的體制設計是三者中最為穩固且長壽的。他自 1939 年正式掌權後，即廢除共和體制與議會制度，將西班牙轉變為「法蘭西體制」——一個以國家、教會、軍隊與單一政黨為支柱的統合型政權。他主張自己是「國家元首」與「軍隊最高領導人」，集元首、軍事總司令與道德監督於一身。他重組司法制度，建立審查與「愛國教育」體系，使國家成為道德仲裁者與歷史詮釋者。他並未完全取消宗教，而是與天主教會密切結盟，讓教會成為統治的倫理資源，將對領袖的服從轉化為對

信仰的效忠。更重要的是，他將「反共」包裝為一種國家生存的必要行動，使一切高壓鎮壓皆能以「保衛西班牙」為由進行，從而賦予統治以歷史正當性。

拉瓦爾的統治則是合法性虛構的極致操作。他所參與的維琪政府表面上是合法延續的法國政府，擁有總統、總理、部會與國會外殼，但實際上是納粹德國的附庸體制。他試圖將「合作」合理化為「務實選擇」，將屈服包裝成保全，並不斷在演說與政策中強調：「我們不是背叛者，而是為了法國未來而戰的人。」他透過修改憲法、解散國民議會、賦予元首貝當無限緊急權力來重構制度框架，並以強調傳統、秩序與反共主義來為極權施政鋪路。拉瓦爾的政治工程是一種「宰制型務實主義」：讓體制維持表面功能，實則空洞其民主核心，進而為德軍政策提供合法外衣，包含遣送猶太人、強制勞動徵召、壓制媒體與社會自由。

奎斯林則是極權仿製的災難樣本。他在德軍的支援下自封為挪威首相，建立國家統一黨一黨專政體制，模仿納粹式的黨國合一結構，建立黨衛軍、青年軍與各類納粹化機構。他試圖以國族再生為號召，在語言上使用大量軍事術語與宗教暗示，聲稱自己是「民族秩序的代表」、「北歐正統精神的守護者」。他制定新憲法、限制言論、控制教育與教會，並試圖廢除民主選舉制度，將政治參與權限定於「忠於國家統一黨」的黨員。然而，他的體制缺乏真正的社會支持，也無足夠的行政能力與經濟資

第 6 章　體制設計與領袖合法性

源,實際上完全依賴德國軍事占領的支撐。因此,即使他在形式上擁有完整的「政府架構」,實則是一場政治幻影的投影劇。

三者的共同點,在於都極度依賴「外部威脅」來製造內部服從的理由。他們的合法性建構並非來自多數民意授權,而是來自對「國家正處危急存亡之秋」的操弄。佛朗哥用反共、拉瓦爾用反布爾什維克、奎斯林則用反英美與挪威「墮落政權」的說法,將統治合理化為「必要的犧牲」與「保護的代價」。這種邏輯將暴力與壓迫正當化為父愛式治理,使人民逐漸接受服從、沉默與順從為國族義務。

此外,他們在體制設計中皆採用高度集權化的結構,不僅在權力分配上拒絕制衡機制,更刻意破壞任何潛在的替代力量,包括政黨、媒體、學界與宗教。佛朗哥以國教合作方式「同化」教會,拉瓦爾則吸收官僚體系與軍警機構進行懲罰式整肅,奎斯林則試圖以黨國一體洗腦青年與基層行政人員。三人均未讓制度回應社會多元與公共參與,反而建構出高度垂直的支配體系,並以宣傳取代政策、以忠誠取代能力、以秩序取代正義。

第 6 章試圖揭示,極權體制並非只是靠暴力維繫的機器,它更是一種政治工程:用合法形式包裝非法實質、用國族神話取代公民政治、用制度語言壓制制度精神。佛朗哥的穩固、拉瓦爾的虛偽、奎斯林的空殼,是三種不同形態的合法性建構方式,但本質皆是統治者對「服從」的製造工程。這些體制也提供了當代政治重要警示:當制度失去自我修復機制,當權力不再

接受審視與挑戰,當人民被教育只需效忠、不需思考,那麼合法性的外殼下,極權的本質便已經悄然成形。

6-1 獨裁體制下的政治制度重構

「法西斯不是靠一場選舉誕生,而是靠一連串制度鬆動與再設計得以固化。」

──政治學者 喬凡尼・薩托利（Giovanni Sartori）

當佛朗哥、拉瓦爾與奎斯林分別在各自國家取得統治地位後,他們面臨的首要任務並非治理現有制度,而是重建制度本身的邏輯與運作方式。這種重構不是單純的憲法修訂或行政改革,而是一場全方位、深層次的制度改寫工程：從法律結構到行政流程、從教育體系到新聞傳播,從公務倫理到日常語言──整個國家被轉換為「為領袖服務」的機器。

這一節,我們從三位領袖的實際作為出發,分析他們如何藉由合法性轉換、機構再設計與思想嵌入來達成制度轉型,進一步比較其體制建構的特徵與持久性。

一、合法性來源的轉化與壟斷

三位人物的統治,皆以一種「非常狀態」為起點：佛朗哥來自軍事勝利、拉瓦爾來自體制瓦解、奎斯林則是軍事占領的政治延伸。他們面對的是一個共同問題：如何將非常態權力轉化

為恆常性體制?

◆ 佛朗哥主張內戰的勝利賦予他「民族合法性」,進而在法律上自封為終身元首,以命令頒布形式推動法律運作,確立個人即國家的邏輯;

◆ 拉瓦爾則試圖以「現實主義與民族存續」為口號,將與納粹合作塑造成一種危機中的責任行為,透過國會橡皮圖章與政策延續掩蓋政體轉變;

◆ 奎斯林則直接以納粹德國的承認為基礎,自行宣布政府成立,再以黨國一體體系重新定位國家主權。

三者共通點在於:跳過選舉授權,將權力合法性訴諸歷史、秩序、民族與戰爭經驗,進而架空傳統憲政機制,使統治無需問責、無需更新。

二、制度再設計:黨政合一與垂直統治結構

獨裁體制若僅靠武力,終究無法長期維持,因此三位領袖皆採取高度制度化策略來「包裝個人統治」:

領袖	政體設計	權力結構	運作邏輯
佛朗哥	「法院法」+終身元首+王位繼承法	軍事→黨→行政→教會	層級控制+忠誠交換
拉瓦爾	維琪政權內閣+軍事授權法+黨團整合制	技術官僚+傀儡議會+德國授權	聽命→領導→策士式治理

領袖	政體設計	權力結構	運作邏輯
奎斯林	一黨專政制＋青年與家庭制度整合	德軍＋黨政機器＋國民整編制	社會工程式統治

這些制度設計的目的,是去多元、去問責、去自治,建構一個從中央到地方、從公務體系到家庭結構皆服務於統治意志的封閉體系。

三、治理與社會動員之間的緊張關係

雖然三人皆試圖動員社會、掌控群眾,但他們的動員邏輯卻存在明顯差異:

- 佛朗哥以教會與傳統結構為基礎,實施「消極服從型動員」:不鼓勵熱情參與,只要求紀律與沉默;
- 拉瓦爾根本無法動員,僅能依賴國家行政機器的延命功能,並由德國軍方維持秩序;
- 奎斯林則推動「主動型改造式動員」,強迫青年入團、重塑教育內容、侵入家庭與宗教空間,意圖徹底再社會化國民,但遭遇激烈抵抗。

這些策略反映出不同的治理哲學:佛朗哥是掌控社會的工程師,拉瓦爾是體制內的管理者,而奎斯林則是理念型重建者。但三人都未真正取得群眾認同,統治的基礎始終停留在強制與操控上。

四、制度化的遺忘與記憶封鎖機制

制度重構也意味著控制歷史與記憶。三位領袖皆嘗試用制度方式來「刪除過去」、「書寫新國族故事」：

◆ 佛朗哥封鎖共和歷史、設立勝利紀念碑、將戰爭敘述轉為「十字軍式的民族復興」；

◆ 拉瓦爾壓制新聞、審查出版、訓練官僚語言，使合作合法化語彙滲入公共語境；

◆ 奎斯林試圖建立新的民族節日、國旗與黨歌，用象徵取代傳統歷史記憶。

這些制度性遺忘機制，並非只是宣傳，而是一種將歷史選擇性地轉換為體制基礎的政治行為——唯有封鎖過去，他們的統治才能成為「唯一可想像的現在」。

五、制度重構的終局：持續、崩潰與審判

三位領袖的制度重構在歷史上也迎來三種不同的結局：

領袖	結局類型	原因	後果
佛朗哥	延續至自然死亡（1975）	軍事勝利＋國際冷戰格局	長期專制、逐步過渡民主
拉瓦爾	被捕、審判、處決（1945）	軍事敗北＋民族背叛指控	合作主義永遠定罪化
奎斯林	審判、槍決（1945）	政權崩解＋主動配合侵略者	名字成為通敵代名詞

第三部：統治結構與國家重構

這三個結果反映出制度重構是否能存續，取決於其與國族認同、社會真實與歷史情境的對接程度。佛朗哥的統治因為建立在軍事勝利與民族分裂之上，具備某種程度的正當性與續存空間，而拉瓦爾與奎斯林的制度，則完全建立於外力與錯估現實之上，終究被社會與歷史雙重清算。

■ 制度不是中立的容器，而是政治意志的延伸

本節揭示一個關鍵觀點：在極端主義統治下，制度不再是制衡與保障的架構，而是將統治者意志機械化、常態化、無意識化的工具。佛朗哥、拉瓦爾與奎斯林皆透過制度形塑政治現實，使個人權力轉化為社會秩序，並使異議消失於「程序」與「合法性」之中。

當我們討論法西斯與合作政體的危險時，不只是看其政策或軍事作為，更應看到背後那一整套制度設計如何將權力內化為常識，將統治轉化為習慣。這才是極權政治最深層也最危險的運作邏輯。

6-2 教育、語言與記憶的占領

「真正的統治，不是讓人恐懼，而是讓人遺忘。」
—— 記憶政治理論家 雅克・勒高夫（Jacques Le Goff）

第 6 章　體制設計與領袖合法性

　　若說政體的控制是權力的肉體工程，那麼教育與語言的統治則是權力的記憶工程。在極權體制下，光靠軍隊與法律無法永續維繫統治，唯有改寫人們的認知方式、歷史記憶與語言習慣，才能將統治內化為常識與忠誠。

　　佛朗哥、拉瓦爾與奎斯林都理解這一點。他們的獨裁體制不僅重構制度與行政權力，更積極滲透教育、語言與文化領域，將政治意識形態轉化為教育標準、語言規範與公共記憶的「正史」。

　　這一節將比較他們在這三個面向的具體作法、實施效果與後續歷史遺緒，揭示極權統治如何在社會潛意識中播種、發芽、擴散。

一、教育體系的再設計：從知識到忠誠

　　教育是建立國民認同的最有效工具。三位領袖在教育領域皆推動深度改寫，將學校變為意識形態傳播中心。

佛朗哥：

- 教會主導教育，以天主教信仰重建價值體系；
- 教材內容刪除共和政體歷史，重寫內戰為「救國聖戰」；
- 推廣「西班牙民族的命運」為核心論述，壓制地方認同（如加泰隆尼亞、巴斯克）。

拉瓦爾：

- 教育政策由維琪政府重新編排，課綱刪除革命傳統與啟蒙價值；

- 教師需通過政治忠誠審查，部分地區推動「國民教育道德化」；
- 學校中推廣「勞動、家庭、祖國」三核心價值，取代「自由、平等、博愛」。

奎斯林：

- 建立完全黨國控制的教育體系，教師需為國家統一黨成員；
- 推動民族神話與日耳曼血統論，灌輸北歐純種優越意識；
- 學童需參與軍事訓練、唱黨歌、接受「文化潔淨」教導。

這些教育改革的共通目的是：由小塑形，改寫公民人格與歷史理解，使國民成為統治需求的文化產品。

二、語言與象徵的控制：話語即權力

語言不只是溝通工具，更是價值傳遞的載體。控制語言，即控制了世界的命名權。三位統治者皆理解「語言戰爭」的重要性，並設法清除敵對詞彙、創造新術語。

佛朗哥：

- 嚴禁地方語言使用，加泰隆尼亞語與巴斯克語在學校、法庭、報紙中被取締；
- 建立「標準西班牙語」作為民族統一象徵；
- 透過報章與廣播統一官方修辭，例如將共和軍稱為「紅色叛亂者」、將政權稱為「民族政府」。

第 6 章　體制設計與領袖合法性

拉瓦爾：

◆ 控制媒體與出版，用「現實主義」、「國家利益」包裝合作政策；

◆ 禁用「共和」、「左翼」、「反抗」等詞語，將抵抗者標示為「破壞秩序者」；

◆ 政府內部通訊採用類似技術官僚語言，降低政治詞彙情感張力，使統治看似中性。

奎斯林：

◆ 強調語言純化運動，清除外來字彙與「猶太語言元素」；

◆ 引入新詞彙，如「國民忠誠」、「北方使命」、「文化健康」；

◆ 透過口號、黨歌與標語創建封閉語境，讓日常用語帶有政治認同。

　　這些語言操作策略的效果是：逐步抽空公民討論與判斷的語境，使人們只能在統治者設計的語言框架內思考與表達。

三、歷史記憶的再編：誰寫史、誰統治

　　歷史教育與公共紀念制度是塑造集體記憶的核心。三位領袖皆積極進行記憶建構工程：

領袖	歷史記憶操作	目的
佛朗哥	創建「勝利者歷史」：重寫內戰、消滅共和記憶、設立勝利紀念谷	刪除異議與正當化統治

領袖	歷史記憶操作	目的
拉瓦爾	關閉革命紀念碑、淡化 1789（法國大革命）與人權思想、紀念「民族犧牲者」	合理化合作政策
奎斯林	取代傳統節日、建立「民族忠誠日」、焚毀猶太與左翼文獻	實施記憶淨化與選擇性遺忘

歷史不再是學科，而是統治工具。統治者不僅重寫過去，更要讓未來世代無法想像其他版本的過去。

四、失效與抵抗：記憶統治的界限

儘管這些文化與語言占領手段具高控制性，但三位領袖的記憶統治最終面臨不同程度的崩解：

- 佛朗哥政權維持最久，教育與語言控制效果深遠，直至 1970 年代仍影響西班牙社會價值結構；
- 拉瓦爾的語言控制幾乎未成功，抵抗者建立地下報紙與口語傳播系統；
- 奎斯林的記憶工程全面失敗，教師、教會、家庭集體拒絕官方敘事，戰後迅速反彈為「歷史審判機器」。

這些結果說明：文化控制若無社會認同，只會成為統治者的幻象工程，終將反噬自身。

■ 統治的延伸，記憶的戰場

教育、語言與記憶，並非附屬於政治，而是其核心延伸。當統治者介入孩子的學習、民眾的語言與歷史的敘述時，政體

第 6 章　體制設計與領袖合法性

便不再僅存在於法律中,而是深植於公民意識與日常認知。

佛朗哥、拉瓦爾與奎斯林,皆曾試圖透過文化統治讓人民「忘記如何反抗」,但歷史告訴我們:記憶不會被完全消除,只會轉入地下、家庭、非正式空間中保存與傳承,直到機會來臨,重新浮出地表。

6-3 忠誠機制與社會控制的極限

「極權國家的困境在於,它可以迫使人民服從,卻永遠無法真正知道他們是否相信。」

——政治哲學家　漢娜・鄂蘭(Hannah Arendt)

對任何獨裁體制而言,權力的穩固不僅依賴暴力與制度,更需建立一種忠誠文化:讓人們不只是「不反抗」,而是「願意服從」,甚至「相信服從是理所當然」。這樣的忠誠體制不必像民主政治那樣透過選票獲取授權,而是藉由懲罰與獎勵、恐懼與榮耀、教育與象徵建構出「服從即生存」的社會常識。

佛朗哥、拉瓦爾與奎斯林在各自的統治中皆嘗試建立這樣的機制。但事實證明,即使制度完備、言論受控、象徵壟斷,社會控制終究存在極限。當恐懼減弱、外力崩解或內部信任崩壞時,忠誠體制往往一夜瓦解。

第三部：統治結構與國家重構

一、忠誠的建構方式：從懲罰邏輯到獎勵文化

三位領袖雖統治風格各異，但其忠誠建構模式有明確的共同邏輯：從懲罰威脅起手，以獎勵制度穩固服從，再透過象徵文化持續內化忠誠。

佛朗哥的忠誠體系：

◆ 國家法院制度讓異議者無法逃避法律懲處；

◆ 軍人與黨員獲得土地、住房與子女教育優先權，形成「忠誠特權階層」；

◆ 每年舉辦「勝利日」、「民族紀念週」，鼓勵公民在公開場合表態支持政權。

拉瓦爾的技術性忠誠：

◆ 依賴行政體系與公務人員的「被動忠誠」，提供官位穩定、工作保障；

◆ 與資產階級互換忠誠：保住財產、避免戰爭，換取配合政策；

◆ 忠誠被語言消解為「現實選擇」，使服從顯得非政治性、而是理性與保命。

奎斯林的宗教式忠誠設計：

◆ 透過「國家統一青年團」從小訓練忠誠人格；

◆ 在學校、家庭與教會推動每日效忠誓詞；

◆ 將忠誠升格為神聖任務，將領袖形象與民族命運連結。

第 6 章　體制設計與領袖合法性

這些忠誠策略雖形式不同,卻都試圖透過制度化、象徵化、日常化方式,將統治轉化為習慣。

二、社會控制的工具:監控、通報與自我審查

為使忠誠機制有效,三位政權亦發展出高度社會控制工具,使整個社會宛如一個自我監控的機器:

領袖	監控手段	控制特徵
佛朗哥	地方警察系統＋教會通報網＋黨員審查	垂直結構,強調懲罰與信仰
拉瓦爾	技術官僚監控＋文件審批制＋出版預審	去情感化、制度化服從
奎斯林	國民登記制＋忠誠測驗＋學生行為日誌	全面社會滲透,仿效納粹

這些制度試圖不僅掌控人民行動,更要影響其思想與語言。然而,當這些控制被過度實施,反而產生「自我偽裝」與「表面忠誠」的集體假象。

三、忠誠的脆弱性:恐懼維繫的限度

極權政權最大的風險在於,它永遠無法確定人民的忠誠是真是假。當統治僅靠恐懼維持,則一旦恐懼來源消失,整個忠誠體系可能瞬間崩潰。

◆ 佛朗哥時期在 1970 年代末期開放言論與報禁後,大量異議文化迅速浮現,顯示沉默並非服從,而是壓抑;

- ◆ 拉瓦爾政權在德國戰敗後迅速被拋棄，其部屬與行政官員轉向流亡政府，毫無實質忠誠基礎；
- ◆ 奎斯林體系則在德國投降後立即瓦解，連其青年組織亦群體潰散，象徵忠誠不敵現實危機。

這些崩潰過程表明：真正的忠誠來自信任與認同，而不是壓力與利益交換。當恐懼減弱，虛假的忠誠便無所依附。

四、忠誠與社會張力：非服從的日常實踐

值得注意的是，在看似全面控制的社會中，仍存在大量日常形式的非服從與抵抗：

- ◆ 學校教師消極執行官方課綱、祕密傳授真實歷史；
- ◆ 地方官員假裝順從、暗中延緩政策實施；
- ◆ 家庭中保留舊有信仰與語言，在私領域保存文化記憶。

這些微型抵抗看似無力，卻逐漸形成一種「消極不合作文化」，在外力失效或局勢轉變時，迅速轉為明面上的集體反抗。

因此，我們可以說，忠誠機制從來不是單向灌輸，而是一場持續進行的社會角力。

五、從服從到審判：忠誠轉向責任的歷史轉折

當極權體制崩潰後，過去被包裝為「忠誠」的行為將面臨重新定義與歷史清算。這也是許多合作主義者在戰後被審判的根本邏輯：

◆ 拉瓦爾曾主張自己是「理性服從現實」,但審判法庭視其為「制度性共犯」;
◆ 奎斯林認為自己「忠於北歐民族命運」,卻被定義為「主動背叛國族」。

這些案例顯示,當社會重新掌握主權與敘事權,過往的忠誠將轉化為歷史責任的焦點。真正能通過歷史審判的,不是被動服從者,而是那些在體制下仍保有判斷與道德堅持的人。

■ 忠誠機制的建構與崩解,是一面照見社會底層認同的鏡子

本節指出,極權統治下的忠誠並非牢不可破,而是一種由恐懼、獎懲與象徵壓力交織出的政治工程。佛朗哥、拉瓦爾與奎斯林皆曾成功建立某種形式的忠誠體系,但最終都證明,無法獲得真正社會認同的統治,終究無法維繫歷史的連續性。

當忠誠變成表演、語言成為武器、歷史被格式化,人民的沉默其實正等待轉折點的到來。真正的忠誠,是在權力崩解時仍能守住原則,而不是在權力高峰時裝出順從。

6-4 制度的遺緒與當代陰影

「極權政體的終結,並不等於它的制度與語言徹底消失;它們往往以幽靈般的方式潛伏於後世社會的結構與文化中。」

—— 歷史記憶學者 托尼・賴特(Tony Judt)

第三部：統治結構與國家重構

當佛朗哥、拉瓦爾與奎斯林的政權在二戰與冷戰洗禮後相繼結束，他們所設計的統治結構似乎也隨時間瓦解。然而，歷史並非絕對斷裂，而是留下了大量難以清除的「制度遺緒」：法律條文、行政習慣、語言框架、教育結構、歷史敘事、公共空間記憶——這些構成了極權時代幽靈般的延續軌跡。

本節將透過三位領袖所留下的制度與文化痕跡，對照當代社會如何處理這些遺緒：有的選擇封存，有的選擇轉型，有的選擇遺忘，而少數則悄悄復活。

一、佛朗哥體制的「寬恕式延續」

佛朗哥政權在其自然死亡後，並未經歷激烈的革命式清算。1975 年後的西班牙選擇一條被稱為「轉型協議路線」（pacto de olvido，遺忘協議）的方式來過渡民主：

- ◆ 佛朗哥時代的部分法律、官僚體系、軍方結構仍得以保留；
- ◆ 國會未成立審判機構針對戰爭罪與壓迫政策追責；
- ◆ 公共空間中仍留有許多佛朗哥時期建築、紀念碑與命名。

直到 21 世紀，「歷史記憶法」（Ley de Memoria Histórica）才開始推動系統性挖掘戰爭墓地、清除獨裁遺跡與補償受害者家庭。然而，保守派與右派政黨對此極為抗拒，導致清算工程仍屢屢受阻。

佛朗哥體制的語言、象徵與制度文化，至今仍以「非政治化形式」存活於地方官僚、家庭教育與社會價值中。

二、拉瓦爾體制的「司法性徹底否定」

與佛朗哥不同，拉瓦爾與維琪政權的合作主義在法國被快速定性為「民族背叛」，並透過司法系統進行清算：

◆ 1945 年後的「民族淨化行動」共審判 12 萬名維琪時期官員與合作者；

◆ 拉瓦爾本人被判死刑，象徵對合作主義的最高譴責；

◆ 學校教育與歷史教科書系統性呈現拉瓦爾政權為「非常態、非法、反人民」的統治。

然而，在冷戰開始後，部分技術官僚與企業界合作者仍悄然回歸體制，並未受全面追責。更深層的是，拉瓦爾時期遺留的行政「效率文化」、非政治化語言與現實主義治理邏輯仍影響著法國官僚體系，成為一種無形的治理範式。

三、奎斯林政權的「象徵性極端化」

奎斯林政權的存在雖短暫，但其「通敵象徵」效應最為深遠：

◆ 奎斯林被公開處決，其名詞「Quisling」成為國際通用的通敵者代稱；

◆ 挪威教育體系長期以他為負面教材，象徵「錯誤忠誠與理念型背叛」；

◆ 政府清除所有奎斯林時期的法律、建築、黨產與象徵遺物。

挪威社會將其合作主義視為集體恥辱，選擇以記憶對抗遺忘。然而，也因此導致某些奎斯林式治理邏輯被「象徵過度化」，轉向單一敘事。例如，對 1940 年代特定官僚與行政決策缺乏灰階解釋空間，使某些歷史細節難以真正被理解。

四、制度遺緒的當代表徵與潛行復歸

雖然表面上這些體制早已崩潰，但制度文化中的部分元素在當代社會中以轉化、潛行與去歷史化的方式回歸：

遺緒類型	當代表徵	風險
語言遺緒	去政治化術語濫用（如「社會穩定」、「文化純潔」）	掩蓋壓迫性政策
行政遺緒	高度技術官僚治理、去責任決策文化	官民斷裂、失能治理
教育遺緒	國族中心史觀未消除、排除記憶多樣性	集體認同僵化
公共空間	舊政權象徵建築未清理或重新包裝	歷史錯誤正常化

這些現象提醒我們，制度遺緒不是過去的化石，而是可能在新的名義下再次活化的結構基礎。

五、歷史記憶與制度正義的再思

三位統治者雖被歷史定性為失敗者或罪人，但他們所創造的制度形式、社會語言與治理遺緒，仍在各自國家的政治文化中發揮作用。

第 6 章　體制設計與領袖合法性

因此，真正的轉型正義不僅止於審判、道歉或立碑，更是要：

◆ 打開制度內部的記憶結構：重新檢視政策技術與治理語言的歷史來源；

◆ 建立「反遺緒教育」：不只教導錯誤歷史，也教育其餘波如何以「非政治形式」延續；

◆ 創造多元記憶空間：容許灰階歷史、社會分歧與不同受害者經驗進入公共敘事。

唯有如此，制度才不會成為歷史錯誤的容器，而能轉化為集體覺醒與批判能力的養分。

■ 制度的陰影，也是歷史的鏡子

制度的危險不在於其形制本身，而在於它是否遮蔽了權力的本質與責任的歸屬。佛朗哥、拉瓦爾與奎斯林之後，我們仍需警覺：當制度語言變得冷靜、行政手段變得中性、記憶變得單一時，極權的陰影或許已悄然回歸。

而真正的歷史責任，不是將過去關進博物館，而是讓它在今日的每一次政策設計、每一句語言選擇、每一場集體記憶辯論中繼續活著──作為對自由最深層的防線。

第三部:統治結構與國家重構

從統治到遺緒:制度如何變形為陰影

本章以佛朗哥、拉瓦爾與奎斯林三位獨裁與合作者的政權為基礎,橫向分析他們在制度重構、教育與語言控制、忠誠機制建立,以及戰後制度遺緒方面的策略與結果。

極權制度的可怕,不只在於壓迫當下,而在於其留下的政治語言、治理習慣、記憶操控等結構,可能在未來「非極權」時代中繼續以軟性的形式延續。

真正的制度清理,需要不只是推翻政權,而是深入解構權力如何進入制度、文化與社會結構中,成為我們無意識的政治日常。

三國制度比較對照表

領袖／政權	合法性來源	核心制度策略	教育與語言控制	結局與遺緒
佛朗哥	軍事勝利與民族認同	軍黨合一、教會支撐、終身元首	去地方語言、國族敘事統一	專制延續至1975年、遺緒持久,轉型遲緩
拉瓦爾	危機治理與現實主義	技術官僚治理、與德合作法制化	中性語言包裝合作、刪除革命記憶	戰後審判、象徵徹底否定,但行政遺緒仍存

第 6 章　體制設計與領袖合法性

領袖／政權	合法性來源	核心制度策略	教育與語言控制	結局與遺緒
奎斯林	德國支持與理念正當性	一黨專政、社會工程、象徵國家	教育黨化、語言潔淨、歷史重寫	戰後清算最嚴厲，名字成通敵代名詞

制度陰影監測指標（現代社會版）

面向	當代表現	危險徵兆
行政技術	去政治化治理語言濫用（如效率、穩定、風險管理）	公民失去對決策的政治介入與批判空間
教育內容	單一國族觀、弱化批判思維、歷史淡化	新世代缺乏多元視角與歷史記憶能力
媒體語境	主流話語過度一致、異議排除為不理性	民主社會輿論市場形同虛設
公共空間	極權遺址未清理、象徵混用	正當性錯亂、價值混淆

第三部：統治結構與國家重構

第7章

經濟控制與社會動員

　　極權統治者從不僅滿足於政權的穩定，他們的野心往往延伸至整個社會的組織與人民的思想塑形。為了長期掌握權力，他們會不斷干預經濟、重構教育體系、改寫文化敘事、打造「新公民」——一個順從、紀律、忠誠於國家與領袖的國族主體。這一套結構性行動，即是極權政治中的「社會動員」與「經濟控制」：不僅使國家成為唯一分配資源的中心，更使人民生活的每個層面都被制度化監控與意識形態引導。

　　佛朗哥在掌權後迅速凍結自由市場機制，推動「國家主義經濟」政策。1939至1959年間，他建立高度集權的經濟管理制度，主張「自給自足」，排斥外國資本與貿易，透過國營企業、價格統制、貨幣配額、出口限制等手段控制經濟命脈。他強調「西班牙人的經濟必須由西班牙人掌握」，並將工會強制納入政府指導下的「垂直工會制度」，實際上取消了罷工權與自由結社，讓工人階級完全失去自主性。農村地區則進行土地再分配與鄉村振興運動，但實施粗暴、成效不彰，反而擴大了都市與鄉村的貧富差距。直到1959年後，為了因應國際壓力與經濟崩潰，佛朗哥

第三部：統治結構與國家重構

才在技術官僚的建議下推動所謂「穩定計畫」，開放市場、吸引外資、發展旅遊業，才使西班牙進入短暫的經濟成長期，但社會動員與控制並未放鬆，反而在「經濟奇蹟」中深化對國民的文化洗腦與意識形態灌輸。

在社會動員方面，佛朗哥政權強化天主教與傳統家庭結構，將女性排除於公共領域之外，教育制度徹底宗教化，並將歷史教育變為國族神話的灌輸工具。媒體、出版與電影皆經嚴格審查，反對意見與外國思想被視為顛覆分子。人民在表面生活中看似回歸秩序，實則進入了一種「封閉性日常」：缺乏表達自由、公共空間收縮、個人懼於發聲，整個國家被塑造成一座由意識形態監控與經濟依賴構築的「靜默工廠」。

拉瓦爾在維琪法國的經濟政策則完全投向納粹體制。他配合德國強制徵召法國勞工（STO 制度），將大量青壯年送往德國工廠與建設部門，企圖以「合作貢獻」換取德軍對維琪政權的寬容。他推動國家配給制度，嚴格控制糧食、物資與工業生產，強調家庭節儉與國家榮譽，但實際上，配給體系被廣泛腐敗與黑市取代，導致人民生活痛苦與怨聲載道。在教育與文化領域，拉瓦爾實施「國家革命」計畫，試圖用傳統主義、家庭中心、勞動倫理與反共信仰改造人民思想，並將「工作、家庭、祖國」三者融合為唯一的公民美德。他關閉自由媒體，沒收報紙與出版品，改組電臺與新聞機構，將思想統一為「忠於維琪」的意識體系。

第 7 章　經濟控制與社會動員

然而，維琪政權的社會動員極為虛假，缺乏基層參與與社會信任，多數民眾只是在服從壓力下被迫應對，而非內化國族理念。儘管拉瓦爾不斷重複「我們是為了法國」，但其政權的德國依賴性與壓迫本質早已使其失去合法性與凝聚力。其所謂的社會整合，實際上是一場意識形態幻象的灌輸實驗——它沒有打動人心，只留下歷史汙名。

奎斯林的經濟與社會控制更為拙劣與依賴性極強。他試圖照搬納粹德國的社會體制，在經濟上設立國家管制機構，但挪威作為被占領國，其經濟命脈掌握於德國軍方與納粹當局，奎斯林實際上無法真正主導政策。他協助德軍徵用物資、徵調工人，造成民生困苦與社會崩潰。挪威人民普遍不認同其政權，大量參與抵抗運動與地下經濟體系，廣泛使用非法報刊與祕密廣播反制其控制措施。

在社會動員層面，奎斯林大力推行法西斯教育與青年改造，創建納粹化的學校課程，強制要求學童加入黨衛軍式青年組織，並試圖解散傳統教會與工會，統一所有社會組織為國家統一黨體系的一部分。他對媒體進行全面審查，並規定除黨員外不得擁有收音機，將資訊獨占視為維穩手段。然而，由於其政權缺乏社會根基與政治正當性，這些政策非但無法動員群眾，反而激起更強烈的反抗情緒。奎斯林的「社會動員」在本質上是一場極權空轉：既無資源也無信任，其國族敘事在挪威民間幾乎完全失效。

第三部：統治結構與國家重構

綜觀三者的經濟控制與社會動員政策，可以看到極權體制並非僅依靠警察與軍隊統治，它們也試圖深度介入人民的日常生活與精神世界。他們透過計畫經濟掌控資源分配、透過教育與文化操控價值觀、透過組織滲透剝奪公民自治，在制度表面上建構出一種「全面整合的國族機器」。然而，這種控制若缺乏真實的社會認同與制度韌性，便只會淪為歷史短暫的幻影。

第 7 章揭示極權社會的另一面──不是戰爭與屠殺的血腥場景，而是細膩的、日常的、制度化的統治技術。在這樣的體系下，人民不再只是被統治者，而是被重塑者。他們被要求「成為某種樣子的人」，而非「自由地選擇生活」。這種體制的真正可怕之處在於：它不只是奪走你的反抗權，更試圖奪走你定義自我的能力。

7-1 國家干預經濟的邏輯與失效

「當經濟變成權力的工具，市場便不再是生產財富的空間，而是製造服從的舞臺。」

── 政治經濟學者 卡爾・波蘭尼（Karl Polanyi）

極權或合作政體在建立初期，常面臨市場混亂、民生崩潰與失業高漲等危機，因此，「國家干預經濟」幾乎成為這些體制的基本反射行動。佛朗哥、拉瓦爾與奎斯林各自以不同形式推

第7章　經濟控制與社會動員

行干預政策,其目標雖各異,卻都試圖透過控制價格、調配資源、組織勞動,來換取社會秩序與政治穩定。

但這些干預機制,最終並未達成其宣稱的結果。反而因僵化的規劃邏輯、戰爭經濟牽制、外部制裁與內部貪腐而失效,成為政權瓦解或民間不滿的經濟引信。

一、佛朗哥政權:自給自足的「國家經濟體制」

佛朗哥在內戰勝利後建立一套高度封閉的經濟模式,稱為「自給自足政策」(autarquía),目的在於:

- 抵禦國際封鎖與冷戰孤立;
- 控制農業與工業生產配額;
- 由國家設立「國營企業體系」,集中掌控鋼鐵、交通、通訊、礦產等關鍵產業。

佛朗哥主張:「經濟不能任由市場浮動,必須服從民族戰略。」但實際上:

- 許多國營企業效率極低,虧損連連;
- 黑市橫行,貧富差距擴大;
- 缺乏創新與外資,導致經濟停滯。

直到1959年在美國援助與歐洲壓力下,佛朗哥政權才結束此政策,改採自由化改革,這也代表其制度逐步從極權走向技術官僚主導。

二、拉瓦爾政權：合作主義下的技術官僚調控

維琪法國在德國占領下，失去多數貿易與殖民資源，國內經濟陷入高度依賴與調配狀態。拉瓦爾上臺後試圖以「行政干預」穩定物資供應與勞動配置：

◆ 建立「國家配給委員會」，分配燃料、糧食與醫療資源；
◆ 強化對農民、工廠與物流的控制，防止資源流向抵抗者；
◆ 與德國簽訂「勞工互惠協定」，以法國勞工交換戰俘與能源。

表面上這是穩定措施，實則成為壓迫與掠奪的工具：

◆ 農民被強制交糧，導致鄉村抗命；
◆ 工人被送往德國工廠，家庭破碎與社會恐慌；
◆ 經濟菁英與納粹密商利益分配，擴大社會仇恨。

拉瓦爾的經濟政策實質上是政治維穩的延伸工具，導致民間信任全面崩潰，是其合作政權失敗的核心因素之一。

三、奎斯林政權：民族主義包裝下的總體分配制度

奎斯林在挪威建立政權後，將經濟視為民族重建的一環。他提倡：

◆ 建立「民族經濟委員會」統籌資源；
◆ 推動「工作即義務」政策，將失業者納入青年訓練、公共工程；
◆ 控制企業利潤、價格與工人薪資，強調「階級合作與國民一致」。

但這一切無法脫離納粹軍事經濟的結構,導致:

◆ 大量物資被優先供應給德軍,國內短缺嚴重;
◆ 國民薪資實質縮水,通膨與糧荒日益加劇;
◆ 人們對「國家照顧」逐步失去信任,轉而投向地下經濟與抵抗網絡。

奎斯林的經濟體系最終演變為資源抽取與象徵性治理的混合體,是其政治幻象與現實落差最明顯的領域。

四、干預的結構性失敗:共同特徵分析

三位政權的經濟干預模式雖背景不同,但其失效具備共通的結構性問題:

問題類型	現象	後果
計畫僵化	忽視市場調整、過度行政命令	黑市擴張、腐敗蔓延
資源集中	財富與物資被權貴或軍方壟斷	民間不滿、抗拒配合
外部依賴	過度依賴德國或冷戰援助	政策失去自主性
勞動控制	強迫勞動、勞工流失	生產效率低落、社會崩解

這些問題顯示,當國家將經濟作為權力延伸,而非人民福祉與市場活力之工具時,干預就會走向失控與破壞。

五、民間回應與隱性抵抗的經濟實踐

在這些體制中,民眾並非完全被動承受,反而創造出各種經濟上的隱性抵抗行動:

- ◆ 黑市與交換經濟盛行,形成「非制度性經濟生態」;
- ◆ 農民私自儲糧、拒絕配給交貨;
- ◆ 工人消極怠工、拖延產能、虛報數據;
- ◆ 小商人與地方官員建立「互利默契」,以地方彈性對抗中央命令。

這些現象不僅是生存策略,更成為體制外社會活力與反抗火苗的潛在載體。當統治者無法信任其經濟系統,社會也早已用行動表明拒絕服從。

▇ 經濟失效,是統治合法性的崩潰前奏

佛朗哥雖得以依靠冷戰格局轉型,但其早期經濟政策已造成持久貧困與社會停滯;拉瓦爾與奎斯林的政權,則因經濟政策成為占領者工具而迅速喪失民心。這些案例顯示:經濟不是統治之下的附庸,而是人民對政權合法性評價的第一現場。

當國家干預經濟時,若以治理之名行剝奪之實,制度再多也救不了崩潰的信任。真正穩定的制度,來自人民對經濟生活的安全感,而非政權對數據的控制力。

7-2 社會階層的斷裂與不滿累積

「獨裁體制最終崩潰的,不是因為政敵,而是因為沉默的大多數不再沉默。」

—— 社會運動學者 查爾斯‧蒂利(Charles Tilly)

在極權或合作政體中,統治者往往試圖透過「重新組裝社會階層」來穩固權力:提升忠誠階級地位,壓縮敵對群體空間,並以象徵性手段塑造階級共識。這種由上而下建構的社會架構,初期或許能創造短暫的秩序感,但隨著經濟矛盾、資源不均與治理失靈累積,階層間的不滿與張力終會轉化為政治風暴的前奏。

佛朗哥、拉瓦爾與奎斯林的統治皆展現出這一點。他們如何塑造階層?哪些群體被犧牲?民眾又如何用隱性或顯性的方式表達不滿?本節將系統性對照與分析。

一、忠誠階級的特權化與偏向治理

在三種體制中,統治者無一例外地扶持對政權忠誠的階層,並賦予其經濟、政治與象徵特權:

佛朗哥:

- 軍人、教會與法西斯政黨成員享有住房、就業與補貼優先;
- 國營企業高層由軍方背景人士主導,形成「軍產結盟」;
- 教師與記者需通過政治審查,形成「忠誠文化中介層」。

第三部：統治結構與國家重構

拉瓦爾：
- 技術官僚與財團合作階級得以維持財產與市場話語權；
- 合作者企業獲得德國資源調配與進口管道特權；
- 警察與審查人員被系統性升遷，成為行政支柱。

奎斯林：
- 國家統一黨黨員擁有公職優先權；
- 青年團系統內升遷成為未來領導預備梯隊；
- 擁護德軍的軍人與企業被納入利益共同體。

這些特權階層的出現，使得社會上下形成政治忠誠與經濟利益高度重疊的結構性偏向，而非普遍服務所有國民的國家。

二、被邊緣化與壓制的社會群體

極權體制為了「純化社會」與統一價值，必然壓縮部分群體的生存空間。這些人通常被排除於決策、資源與表達之外，成為不滿的積壓地帶：

被壓制群體	佛朗哥	拉瓦爾	奎斯林
左翼勞工	被監禁、驅逐、列管	遭解僱、調職、失權	強迫加入黨工體制或邊緣化
地方認同群體	禁言、改名、文化壓抑	被視為分裂分子	認同不符即排除
猶太人	相對少數，文化限制	被驅逐、交出名單	大規模遣送集中營

被壓制群體	佛朗哥	拉瓦爾	奎斯林
女性	強化家庭角色，排除公共職位	被規訓為道德母性	限制教育與社會參與

這些群體的沉默不代表支持，而是在失語與恐懼中逐漸累積政治張力，等待社會結構鬆動的一刻。

三、制度化的不平等與「社會凍結」

三位政權也在制度層面加深階層鞏固與流動阻斷：

◆ 佛朗哥政權設置等級化的軍功與黨忠評等制度，決定升遷與待遇；

◆ 拉瓦爾政府則將行政資源分配與政治立場掛鉤，忠誠換得供應權與情報流通；

◆ 奎斯林體制則讓非黨員幾乎無法進入教育、醫療與政策制定圈層。

這些制度性的不平等造成社會向上流動通道封閉，導致階級憤怒難以疏導。人民被迫接受：「不是沒能力上升，而是體制不讓我上升。」這是最危險的社會心理狀態。

四、隱形不滿的表達形式與潛在能量

在高壓與資訊封鎖下，不滿往往以「非政治形式」表現出來，但同樣具有爆炸潛力：

◆ 消費抵制：抵制政府配給物資、轉向黑市；

- 社會冷漠：對政府號召、青年組織與官方活動表面參與，實則敷衍；
- 語言與笑話：政治隱喻的笑話與繞口令在地下傳播，成為隱形諷刺工具；
- 非合作：地方官員延遲執行命令、教師私下傳授「真實歷史」、教會拒絕宣傳政令。

這些非暴力、不正面對抗的「灰色行動」正是社會對統治合法性的潛在否定，在某個臨界點，可能迅速轉為集體反叛與政權崩解的誘因。

五、階層斷裂的政治後果：統治垮臺的內因

三位領袖的統治並非因外力直接推翻，而是內部社會結構的累積性崩解：

- 佛朗哥後期雖未垮臺，但其社會斷裂使得民主過渡必須大規模讓利與妥協，留下強烈歷史爭議；
- 拉瓦爾政權因缺乏真正的民間支持，在德軍撤離後瞬間失去所有行政資源與社會依據；
- 奎斯林被社會全面否認，政權猶如空殼，即便德軍仍在，亦無群眾為其辯護。

這些例證顯示，失去社會階層的廣泛認同與基本支持，政權無論表面多穩固，都只是紙上堡壘。

■ 制度可以建構忠誠，也能製造敵人

本節揭示，法西斯與合作政體透過制度設計建構忠誠階級，但同時也無可避免地壓迫、排除與製造龐大的社會不滿基層。當這些不滿無法經由政治機制表達與處理時，便會轉化為隱性抵抗、階層對立與統治正當性的崩壞。

真正的穩定社會，不靠一群忠誠者撐起，而靠一套能處理異議、吸納邊緣、維持公平的制度。當體制用忠誠劃分人群，當階級被凍結而無法對話，獨裁統治的命運，就已在社會縫隙中悄然寫下。

7-3 地下社會的形成與文化抵抗

「當言語被禁止，記憶被消除，人們會用沉默與象徵重新組裝真實。」

—— 地下文化史學者 艾娃・史塔契克（Ewa Stachczek）

極權體制或合作政權往往在制度、軍事與宣傳領域建構出全面掌控的幻象，彷彿人民已全面服從、思想已被重塑。但實際上，每當壓力越重、控制越嚴，社會便越有可能產生一個平行於官方體系運作的「地下社會」。這個世界不在報章、不存於檔案，卻活在人們的語言、家庭、信仰與身體記憶中。

佛朗哥、拉瓦爾與奎斯林政權的運作，都在表面服從與私

下拒絕之間,孕育出各種非正式抵抗行動與文化性的「另類生存空間」。這些地下網絡不只是物理空間,更是一種「反語言」、「反敘事」與「反規訓」的潛在政治空間。

一、地下網絡的構成與運作邏輯

地下社會的形成不來自中央動員,而是由下而上的自我組織,其成員可能是教師、神職人員、藝術家、學生、農民,或只是想要保有常識與自由的普通人。

這些網絡具備幾項特徵:

◆ 非正式性:不立章程、不設辦公室,依靠信任與口耳相傳;
◆ 隱蔽性:行動模糊化,資訊拆分傳遞,避免一次被清除;
◆ 文化性:以語言、故事、歌曲、儀式、地下出版等方式延續價值與記憶;
◆ 去領袖性:不仰賴單一人物主導,而是分散式、情境式行動。

這些特質讓地下社會難以被掃蕩,也無法輕易收編。它不是革命軍,而是文化記憶的守夜人。

二、地下出版與知識的流動

在新聞被審查、出版受控的情況下,地下出版物(法語稱 samizdat,西語稱 clandestinos)成為抵抗知識控制的第一線:

◆ 佛朗哥時期的加泰隆尼亞與巴斯克地區大量地下印刷地方語言詩集與歷史書寫;

- 維琪法國的知識圈成立「思想之夜」讀書會，私下閱讀沙特、左拉、雨果作品；
- 奎斯林統治下的挪威則透過教師手抄教材與教會祕密聚會，傳遞未被審查的歷史與倫理價值。

這些文字載體雖難以大規模流通，卻在思想上形成「合法體系以外的第二社會」，養成一群思想獨立、價值堅持的少數公民。

三、語言與幽默的反抗力量

當語言被壟斷，幽默與隱喻便成為地下社會最有效的表達形式。被壓抑的社會，經常透過笑話、諷刺詩、匿名短文傳遞對政權的不滿：

- 佛朗哥時期流傳著一句話：「你只需要兩種語言——一種給政府聽，一種給孩子說。」；
- 法國合作政權時代的地下報刊《地下法蘭西》以漫畫諷刺納粹與維琪政府，成為青少年祕密傳閱的教材；
- 挪威民間則流行以諧音與疊字方式隱喻「奎斯林即狗」，藉由笑聲掩蓋恐懼，凝聚情感。

這些語言形式不只是紓壓，它們建立了「我們知道、我們懂」的共同認知圈層，形成一種隱性的文化抵抗共同體。

四、信仰與家庭空間的抵抗功能

在高壓統治下,家庭與宗教場域往往成為最後的自由堡壘:

◆ 佛朗哥體制中,天主教被國家收編,但部分修道院與基層教區仍祕密保存自由講道與反體制神學;

◆ 維琪法國許多猶太與左翼家庭將真實歷史與自由價值透過晚餐對話、親子閱讀延續給下一代;

◆ 挪威的教會與家庭拒絕配合國家統一教育政策,轉向「家庭學校」、「週日講壇」成為抗拒德國化的核心基地。

這些看似私人的領域,實際上承擔了文化傳承、道德教育與歷史保存的地下功能,成為抵抗記憶抹除的最後防線。

五、地下文化的歷史遺緒與民主重建

戰後,這些地下文化不僅成為民主轉型的知識與價值基礎,也塑造了新社會的文化性格:

◆ 西班牙的地方語言文學與自治精神重新獲得尊重;

◆ 法國的抵抗文學進入學校教育體系,成為民族正義敘事的一部分;

◆ 挪威的家庭教育與信仰自由被寫入憲法,象徵對集權教育的反動。

然而,也有部分地下文化在戰後被「重新國家化」,例如:

- 地下英雄被塑造成官方敘事中的「單一英雄」,壓縮其多樣性;
- 原本反政府的文學與藝術被包裝成愛國產業,失去原初批判性;
- 地下網絡的草根性在政黨化後被削弱,轉化為菁英治理的一部分。

這些變化提醒我們:地下文化既是抵抗的記憶,也是歷史權力競逐的戰場。

■ 地表沉默不代表社會靜止

本節指出,在極權與合作政體中,抵抗不總是流血的,也不總是宣示性的。最堅韌的抵抗往往潛伏於語言、信仰、家庭、記憶與沉默之中。這些「看不見的反抗」構成社會真正的道德支架,支撐人們在最黑暗的時代仍保有人格、記憶與想像力。

而歷史的轉機,常常不是從軍隊開始,而是從一次偷偷傳遞的地下詩集、一場不配合的課堂、一個勇敢的家庭故事開始。

7-4 政治合法性的崩解與社會裂解

「一個政權不會因敵人而崩潰,而是當人民不再願意相信它是唯一的選擇。」

—— 社會理論家 貝爾納・曼寧(Bernard Manin)

第三部:統治結構與國家重構

統治不只是掌控,而是一種信任契約。即使在極權或合作政體中,統治者仍需透過某種形式的「合法性敘事」來維持權力的穩定性。這種合法性可能來自歷史(如佛朗哥的「戰勝神話」)、現實主義(如拉瓦爾的「現實合作」)或理念信仰(如奎斯林的「民族使命」)。但當這些敘事無法回應現實的經濟困頓、社會階層不公與文化壓抑時,政權便逐步失去其存在的正當性。

而當合法性崩潰,不只是統治無力,更代表整個社會的「信任結構」開始裂解。這一裂解不僅展現在抗爭與倒臺,更在於人與人之間的信任解體、制度與價值斷裂、未來感消失。

一、合法性的來源與操控形式

三位統治者皆在政權建立之初構建出特定的合法性敘事:

領袖	合法性基礎	敘事主軸
佛朗哥	內戰勝利、民族再生	我是拯救西班牙的「父親」與秩序重建者
拉瓦爾	體制崩潰中的技術務實	我是保住法國、防止更大災難的中介者
奎斯林	德國支持與民族精神	我是實現北歐重生的政治先知與文化轉化者

然而,這些合法性基礎從一開始就有脆弱之處 —— 佛朗哥需依賴軍力與教會支持、拉瓦爾無選民基礎、奎斯林完全被視為外來代理人。

因此,他們的合法性不穩定,需要透過教育、宣傳與象徵

不斷強化,卻也正因如此,一旦社會出現明顯的現實落差,這些敘事就轉變為政治自我崩潰的加速器。

二、合法性崩解的臨界點:三大徵兆

合法性從未突然瓦解,而是逐步侵蝕,以下三項徵兆幾乎在每個體制失效前出現:

話語僵化、語言失效

- 領導人言論與人民現實完全脫節,政策術語成為空話(如奎斯林「忠誠與榮譽」口號)。
- 政府媒體缺乏可信度,地下新聞與謠言更具影響力。

象徵信任崩塌

- 原本象徵國族的代表(黨旗、制服、紀念碑)成為嘲諷與反諷對象。
- 重要公開儀式(閱兵、演說)出現冷場、被抵制、缺席潮。

從恐懼到冷感

- 民眾不再害怕,而是對政權無感、冷漠、消極不合作;
- 治安機構發現難以徵召、訊息失靈、命令無效 —— 統治失去「回應者」。

三、社會裂解的面向與惡性循環

合法性崩潰不僅是統治問題,更是社會整體結構的斷裂,這些裂解往往呈現以下幾種形式:

社會領域	崩解徵兆	結構後果
家庭	年輕世代拒絕父母認同、教育斷裂	親子代溝政治化
教育	教師成為抵抗者、教材失效	學校變成對抗場域
經濟	黑市替代配給系統、企業拒絕投資	官僚治理失效、信任危機
公共空間	群體自我隔離、社區功能削弱	社會孤島化、公共價值崩解

這些裂解使社會由「共同體」變成「同地但不同行動的個體集合」，無法集體面對危機，也無法建構未來敘事。

四、崩潰時刻的觸發：從統治幻象到失控現實

政權瓦解往往在某一臨界事件中爆發，但真正的瓦解早已內建於體制深處。對三位領袖而言：

◆ 佛朗哥的統治維持至死亡，但其社會結構早已破碎，導致轉型期間需以妥協與「寬恕遺緒」維持和平；

◆ 拉瓦爾在德軍敗退後失去一切統治工具，被人民迅速否定，幾乎無人為其辯護；

◆ 奎斯林則在德國投降當日政權即瞬間瓦解，成為歷史負名詞。

這些轉折證明：政權最終不是被打倒的，而是被社會抽離的。

五、反思與預警：當代合法性建構的困境

歷史留下的警訊不僅屬於過去，也反映當代的制度風險——

第 7 章　經濟控制與社會動員

當代社會雖無明顯極權統治，但合法性基礎仍面臨以下挑戰：

◆ 政策與社會感受脫節：當政府以數據為中心，忽略人民感受與信任，合法性便受侵蝕；

◆ 語言過度管理：當政治語言變成空洞口號、失去真誠，信任感即瓦解；

◆ 象徵工具重用而未反省：當過去政權的語言與制度未清理，便可能被新政權借屍還魂。

因此，我們不只要清算暴政，更需建立一種反脆弱的合法性機制，即使在危機中也能維持社會信任與制度自省能力。

■ 合法性，是國家最深層的社會契約

政權之所以存在，不是因為它有軍隊，而是因為社會願意與它共生。佛朗哥、拉瓦爾與奎斯林的最終失敗，不只是統治崩潰，而是社會共同感的斷裂與未來信任的破產。

當統治者不再關心說服，人民便停止傾聽；當制度不再允許懷疑，群眾便開始用沉默抗議；當語言不再傳遞真實，整個社會就將走向裂解。

歷史中的這些瞬間，從不是一場崩塌，而是一場逐步退出信任舞臺的政治悲劇。而我們，若不從制度細節與語言結構中認真面對「合法性如何生成，又如何消失」，那麼，類似的裂解仍可能在任何時刻，再度發生。

第三部：統治結構與國家重構

從經濟危機到合法性崩潰的社會轉折

　　本章以佛朗哥、拉瓦爾與奎斯林三位領袖所構築的統治系統為軸，追蹤其政治合法性如何在經濟失控、社會階層斷裂與地下文化抗拒中逐步瓦解。三位政權雖手段不同，卻都未能真正掌握群眾信任，最終在制度無力與語言崩壞中失去統治的道德基礎。

　　極權崩潰從不是軍事上突然終結，而是人民心理逐步退出，象徵與語言失效，社會信任被一層層抽空的過程。面對當代政治環境，這些歷史片段提醒我們，合法性從來不是命令的副產品，而是對未來的集體想像是否仍被認可。

社會裂解徵兆表（從統治表面到社會底層）

社會面向	崩解徵兆	表面現象	深層後果
政策語言	政策口號空洞化，語意不清	官式語言與民語出現斷層	信任轉為冷漠與排斥
群體關係	忠誠群體特權化，邊緣群體系統性排除	階級流動中斷，社會撕裂	不滿積壓，出現地下對抗結構
公共象徵	國家儀式參與度降低，象徵被戲謔化	儀式冷場、群體缺席	國族認同瓦解，轉為分裂想像

社會面向	崩解徵兆	表面現象	深層後果
媒體與教育	地下知識流通，青年拒絕主流教材	非正式讀物流行，教師消極	官方敘事失效，集體記憶破裂

合法性動搖警訊清單

語言脫實入虛：領導人使用高度抽象、情緒化或歷史套語來掩蓋現實失能（例：「為了民族復興」取代具體政策內容）。

象徵冷感化：升旗、閱兵、紀念日等活動群眾參與度下降，轉為「例行空洞化」儀式。

治理技術化：決策語言過度依賴「風險管理」、「穩定優先」、「效率至上」，迴避價值與公共辯論。

知識外流：民間出現大量非官方敘事、地下出版、文化隱語，且受眾廣於官方宣傳管道。

心理冷漠化：民眾對政策無反應、不表態，行政命令需依靠懲罰執行，社會進入「被治理但不認同」狀態。

第三部：統治結構與國家重構

第四部：
合作者與抗拒者

　　極權體制的建立，從來不只是領袖一人的選擇，而是整個社會的共構結果。每一場法西斯政權的擴張背後，既有主動迎合與制度設計者，也有被動沉默、戰戰兢兢地「選擇不選擇」的大多數；但同時，也始終存在著一群選擇冒險反抗的人——無論來自軍隊、官僚、知識圈、地方組織，還是無名群眾。

　　《第四部：合作者與抗拒者》深入探討在佛朗哥、拉瓦爾與奎斯林政權底下，那些選擇加入、妥協、緘默與反抗的群體與個體——從警察、法官、媒體人、企業家到教師與神職人員，他們或為生存、或為信念、或為利益選擇站隊。而正是在這些選擇中，法西斯政權獲得社會合法性，甚至深植於人民日常之中。

　　但本部並不止於控訴，亦聚焦於抵抗的多樣面貌：地下報紙、文化行動、宗教庇護、情報網絡與國際連結，皆在看似絕望的時代中維持了人性與希望的火種。法國的自由抵抗運動、西班牙共和派流亡者、挪威的地下國家，無不展現出極權縫隙中仍有反抗的空間。

第四部：合作者與抗拒者

最重要的是，這一部提出一個反思性的問題：在壓制體制下，合作者與抗拒者的界線是否總是分明？許多人的選擇游移於兩者之間，也許是策略，也許是掙扎，也許只是存活的本能。

透過這些人物與行動的交錯，本部揭示：歷史不是黑白分明的審判場，而是一場關於責任、恐懼與良知的集體辯證。

第 8 章
向法西斯靠攏的過程與代價

　　與法西斯靠攏,是三位主角在歷史重大關頭的共同行動,但這樣的靠攏並非同質。佛朗哥、拉瓦爾與奎斯林分別代表了三種不同形式的靠攏:戰略性同盟、務實型投降與主動式投誠。他們在不同國家與時局下,面對軸心國勢力的崛起,各自做出對國家命運關鍵性的選擇,而這些選擇也最終決定了他們與法西斯體制之間的糾葛深淺,乃至日後被歷史記憶如何評價。

　　佛朗哥的親法西斯立場是漸進的、機會主義的。1936 年西班牙內戰爆發之初,他迫切需要軍事與外交援助以對抗共和政府,而德國與義大利正好願意以西班牙作為意識形態試驗場。希特勒派出「禿鷹軍團」空襲西班牙城市(如震撼世界的瓜爾尼卡),墨索里尼則提供數萬地面部隊與軍事資源,使佛朗哥的國民軍得以在戰場上占盡優勢。佛朗哥並未全然接受納粹或法西斯的意識形態,但他明白,在內戰的生死邊緣,這種同盟是勝利的保證。因此,他選擇與法西斯合作 —— 但保持謹慎與距離。他在語言上呼應「反共」、「秩序」、「民族再生」,在組織上整合長槍黨這一類法西斯政治工具,但始終避免讓西班牙政體

第四部:合作者與抗拒者

完全納粹化。

在二戰期間,佛朗哥更展現出務實外交的靈活風格。他拒絕加入軸心國戰爭機器,也未對英法宣戰,而是自詡為「非交戰國」,在外交文件中使用「中立但同情軸心」的措辭。他派出志願軍「藍色師」協助德軍東線作戰,但規模與時間皆有限,顯示其目的是穩定政權與爭取日後談判籌碼,而非全面站隊。這種「近而不附」的策略,使佛朗哥在戰後未被列為戰犯,西班牙也在冷戰初期迅速轉向美國陣營,得以保住政權並換取經濟援助。

相較之下,拉瓦爾的靠攏是一場赤裸裸的投降與妥協。他面對的法國,是一個已經軍事失敗、政府解體、人民陷入混亂的國家。他主張與納粹合作,不是出於狂熱,而是源於一種冷靜、算計與自我催眠的「現實主義」。他說:「我們已無力抵抗,合作是唯一能保住法國完整的選項。」他說服自己,也試圖說服國人,投降不等於背叛,合作是為了未來的重建鋪路。他的靠攏,是一種行政主義者式的認知失調:將與敵合作合理化為技術性抉擇,將道德問題轉化為外交手段,甚至以「避免共產主義威脅」作為正當性訴求。

拉瓦爾在維琪政府中積極推動納粹的種族政策與反猶法令,協助遣送數萬猶太人至集中營,參與迫害與鎮壓法國抵抗運動。他不僅是合作者,更是加害者。他的靠攏不是消極被動,而是充滿行動力與制度性暴力。他相信與德國的深度合作可換取日後的政治籌碼,甚至妄想法國能成為納粹「新歐洲秩序」中

第 8 章　向法西斯靠攏的過程與代價

的平行國。然而這種期待最終破滅——納粹並未真正信任他，法國民眾也視他為背叛者。他最終被捕、受審並處決，其名字與行為成為歷史上典型的「自毀型合作者」。

至於奎斯林，他的靠攏已非「靠攏」可形容，而是「主動投誠」。他在德軍尚未進攻挪威之前，就已多次前往柏林請願，提出若希特勒願意攻擊挪威，他將配合接管政府、建立親德體制。他幻想自己是「北歐希特勒」，甚至在德軍尚未完全掌握奧斯陸時就透過電臺宣布奪權。他的政權是德國軍事占領下的附庸，是納粹政治結構的延伸，他的所有行動都在為德國的戰略服務。奎斯林從未獨立思考，也未試圖保留任何主權空間，而是全心全意奉獻給一個外來政權，以達成個人政治妄想。

奎斯林的政治選擇，反映的是一種極權時代中最危險的角色：自願的奴僕。他不僅沒有迫於情勢，更視納粹為理想政治典範。他複製納粹政制、模仿元首語言、推動種族政策與青年納粹化，試圖將一個自由民主的北歐國家轉變為納粹帝國的衛星體。最終，他也如其政權一般迅速崩潰，被捕後審判處死，其名字成為歷史最汙名化的政治符號之一。

第 8 章試圖說明：向法西斯靠攏，並非單一行為，而是複雜歷史條件下的政治選擇。有時是為了生存、有時是為了勝利、有時則是為了信仰。無論動機如何，這些選擇都深刻改變了國家的命運，也徹底改變了他們在歷史中的角色。佛朗哥的計算換來政權存續，拉瓦爾的妥協帶來毀滅，奎斯林的投誠則帶來

第四部：合作者與抗拒者

永恆的恥辱。他們的故事並非遙遠的教訓，而是對今日政治世界的警示：當極權勢力再度崛起時，我們究竟該選擇對抗、妥協，還是背叛？

8-1 法義德之間的外交交易

「當獨裁者與獨裁者握手，協議的內容從不寫進文件，而是刻在人民的命運上。」

―― 二戰政治史學者 約翰・希克斯（John Hicks）

1940 年代的歐洲，充斥著危機與轉向。面對納粹德國的崛起與義大利法西斯的擴張，原本各自為政的民族主義政權開始進行一場場「灰色外交交易」―― 這些交易不總是書面協議，而是互相試探、戰略呼應與利益交換的總和。

佛朗哥、拉瓦爾與奎斯林作為「邊緣國的強人」，雖非納粹核心成員，卻都選擇與法義德接近甚至合作，試圖在強權夾縫中換取生存、空間與秩序。他們不是簡單的追隨者，而是各自有計算、有底線的交易者。這些外交互動的過程，深刻揭示了法西斯體系內部的競合邏輯，以及地方政權如何在道德與現實之間擺盪。

一、佛朗哥：外交中立的模糊平衡術

佛朗哥在西班牙內戰勝利後，表面保持中立，實則與軸心國維持密切溝通與利益交換：

第 8 章　向法西斯靠攏的過程與代價

◆ 1939 年後,德國與義大利曾強烈要求西班牙加入戰爭;

◆ 佛朗哥藉口國內尚未復原,僅提供「藍色師團」(División Azul) 前往東線支援對蘇作戰;

◆ 與納粹進行多項資源交換:提供鎢礦與港口通行權,換取軍需物資與技術支援。

其外交戰略特色為:

「表面中立,實質親德;嘴巴中立,行為靠攏;利用戰爭打底經濟,同時壓抑內部反對。」

這種模糊性使西班牙在戰後雖被孤立,卻未被同盟國視為戰犯國,得以保住政權與領袖地位。佛朗哥是法西斯體系中「最務實、最幸運的交易者」。

二、拉瓦爾:從民族主義到全面附屬的滑落

拉瓦爾原為第三共和內閣中的改革派,在法國戰敗後擔任維琪政府要職。他的轉向過程是一連串「外交妥協與主權讓渡」的交易史:

◆ 向德國提出「行政合作模式」:由法國人執行占領政策,避免軍事接管;

◆ 為換取法國軍官與資產階層利益,主動協助「猶太清理」、「勞工外派」與情報通報;

◆ 多次與德國外交高層會面,承諾「全方位合作換取法國尊嚴與部分自主權」。

然而，他的外交策略逐漸演變為完全被動的附屬位置：

- 德國未給予實質主權，只將拉瓦爾當作「占領效率化的代理人」；
- 法國人民不接受其合法性，視其為背叛者與納粹傀儡；
- 他自己亦陷入「越合作越失權、越解釋越無力」的歷史泥沼。

拉瓦爾的例子說明：當外交交易缺乏議價能力與民意基礎時，只會變成自我否定與歷史審判的預演。

三、奎斯林：以理念為貨幣的主動靠攏

與佛朗哥與拉瓦爾不同，奎斯林不只是被動交易者，而是主動向納粹輸誠的理念型靠攏者：

- 1930 年代即與納粹黨保持聯絡，模仿德國建黨與儀式制度；
- 1940 年德軍尚未完全占領挪威即宣布成立「新政府」，希望德國予以承認；
- 自願協助納粹政策，如移交猶太人、推動納粹式教育與社會組織。

奎斯林並未獲得德國的全面信任：

- 希特勒與軍方視其為「象徵統治所需的傀儡」；
- 德國任命專員特爾博芬直接管制挪威，實際架空其政治角色；
- 雖被形式接納為「總理」，但無任何戰略或談判空間。

第 8 章　向法西斯靠攏的過程與代價

奎斯林的外交悲劇在於：他拿出一切，卻沒人當真。他以信仰作交易籌碼，卻被視為戰略工具的最底層。

四、交易的底線與代價比較

三位統治者與軸心國的外交互動，反映不同的底線與代價策略：

領袖	交易對象	戰略態度	成果	代價
佛朗哥	德國、義大利	靠攏但不承諾	保全政權	孤立、內部壓力
拉瓦爾	納粹德國	現實主義合作	政策部分落實	國際聲譽破產、人民否定
奎斯林	納粹德國	理念型依附	被象徵性接納	失去主權與社會支持

這些差異揭示：「靠攏法西斯」的代價並不單一，而取決於政權自身的歷史資本、內部正當性與議價能力。

五、外交交易的歷史教訓與當代表徵

這些外交交易提醒我們，獨裁體制下的對外政策常有以下特徵：

- 以內部壓力為動機：不是為了對外擴張，而是為了轉移內政焦點、穩定秩序；
- 以國族敘事包裝妥協：讓合作看起來像是保衛民族利益，而非屈從；

- 以控制社會為實質目標:外交利益成為擴張內部權力的手段;
- 代價難以可見但深遠:一旦失去獨立談判空間,即使表面上換得資源與暫時穩定,也會在歷史上被定性為背叛與投降。

◼ 不是誰與誰結盟,而是誰把誰當作工具

本節揭示,「法義德之間的外交交易」不只是合作或依附的問題,更反映出地方政權在強權夾縫中的自我認知與風險判斷。佛朗哥的機巧、拉瓦爾的現實、奎斯林的熱情,代表了三種不同的交易哲學,也走向三種不同的歷史結局。

歷史最殘酷的地方在於:有時你以為你在談判,實則你只是工具。

8-2 綏靖政策與犧牲第三方的倫理問題

「當你為了和平選擇沉默,你選擇的不是和平,而是讓暴力挑選它的下一個對象。」

—— 政治哲學家 邁克爾・瓦爾澤(Michael Walzer)

歷史上,綏靖政策往往不是懦弱的象徵,而是政治現實下的選擇困境。面對軍事強權、內部崩解與資源匱乏,佛朗哥、拉瓦爾與奎斯林三位領袖皆以「保住秩序」為名,採取了一系列

第 8 章　向法西斯靠攏的過程與代價

被動或主動的配合政策。但這些政策的執行，往往不是抽象的權衡，而是以犧牲某些群體的生命、權利或尊嚴為代價，來換取整體的穩定幻象。

本節即將深入分析這些綏靖與合作政策中被犧牲的「第三方」：猶太人、左翼分子、抵抗者、無辜平民，並進一步探討這些選擇如何在戰後被追問為倫理失格與政治責任的根源。

一、綏靖的三種類型與決策動機

在極權與合作政體下，綏靖政策大致可分為三種類型：

類型	特徵說明	目的
軍事容讓型	放棄特定軍事反抗、讓渡基地或通道	換取軍力撤退、避免全面攻擊
行政協作型	協助占領方執行管制、清理、調配	保留部分行政權限與民族象徵
社會代罪型	主動指認、交出特定弱勢群體	建立交換空間、示忠並求生存

佛朗哥選擇模糊中立，但暗中提供德軍情報與物資支援；拉瓦爾則全盤接受納粹命令，推行勞工與猶太人移交；奎斯林更是主動促成種族清洗與社會重構。這些決策背後的核心邏輯，皆為：「犧牲一部分，保住整體」——但這個「整體」的界線由誰決定？

第四部：合作者與抗拒者

二、犧牲的第三方群體與政策實例

猶太人

拉瓦爾政府在 1942 年與納粹合作，主動交出巴黎與維琪地區猶太人名冊，導致超過 13,000 人（含孩童）被送往奧斯威辛；

奎斯林政權主動協調挪威猶太社群遣送程序，僅 800 人中有 38 人生還；

佛朗哥政權雖未交出猶太人，但對西班牙國內猶太團體採取冷漠、限制移民與庇護，僅少數外交官私下拯救難民。

勞工與青年

維琪政府向德國提供數萬名勞工（STO 制度），多數為無力抵抗的青壯年與工會成員；

挪威青年被強迫納入國家統一團，接受納粹化教育，拒絕者遭拘捕或社會孤立。

抵抗運動者與左翼知識分子

佛朗哥逮捕數千名西班牙內戰後遺留的左翼分子，將其轉交給納粹；

奎斯林設立國民登記中心，將異議者分類、通報與清除，實施思想審判；

拉瓦爾任內新聞審查與大學整肅造成大量知識分子流亡。

這些群體無力議價、無法組織自保，成為「體制內交換邏輯」下的靜默受害者，也成為戰後倫理審判的核心主體。

第 8 章　向法西斯靠攏的過程與代價

三、從政治現實到倫理失格的轉化

這些綏靖政策在當下多以「現實需要」、「不得已之舉」為包裝，但歷史最終回頭問的，不是是否有效，而是：

「你犧牲的是誰？他們是否知情？他們是否願意？他們是否必須承擔這種被代表的命運？」

佛朗哥的中立策略在戰後或可理解，但其對內政治清洗無法免責；拉瓦爾的「保全體制」論述難敵其遞交無辜者的事實；奎斯林則在主動加害中完全喪失道德界線。

這些案例揭示一個根本問題：當國家將個體轉化為政治談判的籌碼，它就失去了治理的倫理基礎。

四、倫理評價與政治責任的歷史爭論

在戰後的審判與記憶建構中，對這些「綏靖交易」的評價分歧鮮明：

- 法律處理上：拉瓦爾與奎斯林皆被判死刑，認定其合作行為具加害性與主動性；
- 社會記憶中：佛朗哥長期未受清算，其綏靖政策被冷戰地緣所遮蔽，導致記憶撕裂；
- 歷史教育裡：現代法國與挪威對此部分詳實教學，西班牙則仍存在保守遮蔽與爭議空間。

這些不同處理方式反映出：戰後對綏靖政策的倫理判準，不只是歷史回顧，也是國族認同重建的一部分。

第四部：合作者與抗拒者

五、當代回聲：現代綏靖的倫理隱喻

這些歷史問題並未遠去，當代世界也持續面對以下類似問題：

◆ 民主政體為保經濟穩定，是否容忍極權國家壓迫其內部異議人士？

◆ 國家安全名義下犧牲邊緣群體（如移民、少數族群）是否構成「結構性綏靖」？

◆ 在危機下，政府是否可以合理化對公民權利的暫時壓制？

歷史的回答並非簡單二選一，而是：若不質疑「穩定論述」背後的受害者，那我們終將成為下一次沉默者。

穩定，不應建立在某些人被犧牲的沉默之上

綏靖政策最大的危險，不在於它讓渡了多少權力，而是它把人變成了可以讓渡的對象。佛朗哥、拉瓦爾與奎斯林的選擇，不只是戰略失衡，更是倫理失敗。他們將弱者交出去，換得政權短暫的穩定，卻把整個社會拖入了集體沉默與長期失語。

我們無法保證歷史不再重演，但我們能學會辨識：當一個政策以「全體之名」訴求時，應追問：「那麼，誰不是『全體』的一部分？」

8-3 內部反對與主體沉默之間

「最沉重的責任,不是落在敵人手上,而是落在那些知道卻沉默的人肩上。」

—— 艾利・維瑟爾(Elie Wiesel)

極權體制與合作政權中,真正的群眾從來不是二元對立的「擁護者 vs. 抵抗者」,而是夾在中間、懷抱矛盾、經歷掙扎的大多數。這些人面對政權暴力、思想壓力與社會監控時,選擇「沉默」作為生存策略。沉默不代表無知,也不代表無感,而是一種極為複雜的社會行為:既是逃避,也是表態;既是自保,也是無聲的政治。

本節即探討這些「非反抗、非共犯」群體在歷史中所扮演的角色,並分析主體性如何在沉默中保留或喪失,以及我們該如何從歷史角度理解這些沉默的倫理張力。

一、沉默的社會背景:恐懼、疲乏與孤立

在佛朗哥、拉瓦爾與奎斯林的體制下,人民選擇不說話、不參與、不反對的原因複雜多元:

◆ 恐懼壓力:公開發言、組織、甚至表情可能成為審查與拘留的理由;

◆ 資訊封閉:官方壟斷資訊,地下新聞難以取得,判斷困難;

- 社會孤立：反對者缺乏結盟空間與互信網絡，難以形成集體行動；
- 心理疲乏：長期政治壓迫使人喪失行動能量，轉而關注個人生存。

因此，沉默不只是道德選擇，更是一種社會情境中自然的心理與政治反應。這些人可能並不認同政權，但也不相信反抗會成功。

二、「沉默主體」的行為模式與邏輯

這些處於灰色地帶的主體，行為上並不總是靜止，而是採取以下幾種策略：

行為型態	表現形式	潛在動機
被動服從	形式配合、避免突出	保住飯碗、不連累家人
消極對抗	故意拖延命令、不執行不合理政策	避免直接衝突、偷偷表態
雙重語言	公開使用體制語言，私下保留真實看法	保有心理空間、避免被揭發
道德逃避	自我說服「無能為力」、「政治不關己」	情緒保護與倫理卸責

這些策略雖非反抗，卻也不是純粹的順從，反映出一種「邊界政治」：人們在自我與社會、風險與良知間擺盪求生。

三、從沉默到反抗的轉化條件

歷史證明,「沉默的大多數」有時會在特定條件下轉化為社會變革的動力:

- ◆ 資訊轉折點:例如盟軍登陸、德軍敗退、廣播揭露真相等會瞬間改變沉默者的態度;
- ◆ 道德閾值突破:當政權殺害兒童、摧毀宗教機構或大規模迫害出現時,原本中立者開始產生「無法接受」的情緒;
- ◆ 情感觸發事件:如親人被逮捕、鄰里遭清算,個人經驗轉化為公共反感;
- ◆ 行動模範出現:看到他人勇敢抵抗、逃亡、寫作或組織,會激起模仿與效仿。

因此,沉默者不是靜止的,而是處於待觸發的狀態。一旦條件成熟,整個社會的沉默可能迅速轉化為洪流。

四、歷史責任的灰階判準:不是所有沉默都等於共犯

戰後對於「沉默主體」的歷史評價,長期陷入兩極化:

- ◆ 一方認為:沉默等於默許,是道德逃避者,是體制得以持續的土壤;
- ◆ 另一方主張:沉默是自保行為,不能要求每個人都成為烈士或英雄。

事實上,我們需要發展一種「灰階倫理判準」:

沉默位置	評價條件	歷史理解方式
沉默但無加害行為	以避免風險為主、自我保護	可理解、但應留有反思空間
沉默且助長體制	雖未直接傷人但替制度背書	應承擔象徵性政治責任
沉默轉向反抗	初期觀望,後期加入地下行動	應記錄其覺醒與轉化

歷史的正義不在於定罪所有人,而在於區分什麼是困境中的選擇,什麼是自願的共謀。

五、沉默作為政治遺緒的現代啟示

沉默不只存在於過去的法西斯政權。在當代社會中,我們也看到類似的沉默現象:

◆ 面對不公不義的政策,群眾習慣冷眼旁觀;

◆ 對於極端主義、仇恨言論,媒體與知識分子有時選擇避談;

◆ 政治人物面對內部濫權,選擇不表態、延遲處理。

這些都表明:沉默仍是一種活躍的政治行為,也仍是一面主體性的倫理鏡子。當我們回顧歷史,不只是為了懲罰沉默者,而是為了問自己:在今天的社會裡,我們的沉默是否也在製造同樣的後果?

■ 沉默是一種選擇,也是一種責任

本節指出,歷史上那些沉默的大多數既非邪惡,也非無辜。

第 8 章　向法西斯靠攏的過程與代價

他們處於一個極度複雜的道德結構中，被恐懼、資訊、制度與社會關係所束縛。然而，他們的每一次沉默，都是未來社會必須反思的根源。

真正的自由社會，並不是沒有沉默，而是不再讓沉默成為唯一能自保的方式。而這個願景的實現，始於我們願不願意承認——曾經，我們也沉默過。

8-4 體制困局中的選擇責任與歷史評價

「在邪惡統治之下，你或許無法改變世界，但你能決定自己願不願意成為它的一部分。」

—— 法國哲學家　阿爾貝・卡繆（Albert Camus）

歷史對於選擇，從不寬容，也從不簡單。在極權體制與合作政權之中，從領袖到官僚、從教師到軍人、從市民到鄰里，每個人都面對選擇：是服從還是拒絕？是沉默還是出聲？是參與還是退出？這些選擇往往在當下難以辨別其道德重量，卻在戰後被歷史清算與記錄為「罪行」、「懦弱」、「英勇」或「中立」。

本節不試圖給出道德審判，而是進一步問：在體制困局中，個體與群體的選擇自由有多大？責任的界線該如何劃定？又該如何面對歷史評價與集體記憶建構的張力？

第四部:合作者與抗拒者

一、選擇困局的三重限制

在法西斯與合作政權中,個體面對選擇時往往受制於三種力量的交疊:

困局類型	說明	實例
結構性限制	制度設計讓非合作難以生存,如登記、審查制度	教師若不加入官方協會即失業
情感性牽引	家人安危、人際關係壓力迫使選擇「安全道路」	醫生協助通報猶太病患為了保護自己家庭
認知性迷霧	訊息不全、真相被扭曲,導致無法評估自身行為後果	信者以為「交人可換取和平」

這些限制讓「選擇」不再是純粹的自由行為,而是一種在扭曲空間中的相對行動。因此,我們不能用戰後視角直接對每一位行動者做絕對評價,而需還原其所處的倫理環境與知識條件。

二、歷史責任的等級分類與對應態度

為了有效理解與教學歷史中的「選擇責任」,可將行動者大致分類如下:

分類	特徵	評價導向
主動加害者	積極參與壓迫、策劃清洗、利益輸送	法律與道德雙重追責
結構合作者	配合體制但無積極加害	政治性責任與歷史批判
消極服從者	被動執行或默認政策,無反抗行動	教育性理解與倫理引導

分類	特徵	評價導向
被害反轉者	起初沉默，後期轉向抵抗或保護他人	彰顯轉變力量與主體覺醒價值

這一分類提醒我們：責任不僅取決於角色身分，更在於選擇過程與轉向可能性。

三、歷史評價的三種視角

當代對於法西斯合作者與體制參與者的評價，通常存在以下三種對立視角：

道德純粹論（Ethical Purism）

◆ 一切配合即為共犯；

◆ 優點：確立正邪界線；

◆ 缺點：忽視歷史處境與人性複雜。

歷史相對主義（Historical Relativism）

◆ 認為「時代如此，無法苛責」；

◆ 優點：包容理解；

◆ 缺點：稀釋責任感與教育意義。

轉型倫理觀（Transformative Ethics）

◆ 強調歷史責任需區辨動機與行動方式；

◆ 看重反省與轉變的可能性；

第四部：合作者與抗拒者

- 主張以「倫理記憶」取代「報復性紀錄」。

本書採取第三種視角，不否定錯誤，但強調反思與社會再生的可能性。

四、歷史教學中的選擇與對話

這些歷史中的選擇困局，不應只在法院被討論，更應在教室、家庭與公共空間成為對話起點：

- 問：如果你當時是軍官、警察、鄰居，你會怎麼做？
- 問：你是否能判斷何時沉默是保護，何時是逃避？
- 問：今天的社會，有哪些選擇我們也在逃避？

將歷史作為倫理練習，而非勝敗報告，是對極權遺緒最根本的教育防線。

五、從評價到和解：歷史記憶的社會轉化

正視歷史責任，不等於集體羞辱，而是一種建立價值共識的契機。這樣的記憶轉化可分為三步：

- 揭露事實：讓每個選擇的條件與代價被看見；
- 公開辯論：讓社會釐清對「行為 vs. 責任」的判準；
- 轉化為制度：如記憶日、紀念碑、課程設計等方式持續對話。

如此，歷史不再只是悲劇的紀錄，而是民主社會培養責任感、同理心與批判能力的養分。

第 8 章　向法西斯靠攏的過程與代價

▌不是只有兩種選擇,而是有無選擇的勇氣

佛朗哥、拉瓦爾與奎斯林留下的不只是政治崩潰的案例,更是無數人在壓迫之中如何選擇、如何錯失選擇、又如何在歷史之中尋找選擇意義的集合記憶。

選擇從來不完美,但正是我們面對選擇時所願意承擔的後果,定義了我們是誰,社會要成為什麼樣子。

歷史不要求英雄主義,但呼喚責任倫理。我們也不需害怕過去有灰色,真正可怕的是:我們從不願意承認那些灰色曾經存在 —— 而今天,仍持續複製。

從外交靠攏到倫理選擇的歷史張力

第 8 章聚焦於佛朗哥、拉瓦爾與奎斯林政權如何在政治危機下逐步向法西斯靠攏,並揭示其外交交易、綏靖政策、內部沉默與個人選擇背後所蘊含的倫理困境。

本章最深刻的命題不在於「誰對誰錯」,而是:在極度扭曲的體制中,個體如何在受限中維持倫理判斷?政權在以穩定為名犧牲群體時,是否仍能主張正當?歷史在記錄選擇時,是否能區分權力、恐懼與主體性?

第四部:合作者與抗拒者

選擇困局與責任對照表

行為者類型	特徵	歷史評價導向	教學反思重點
主動加害者	積極參與迫害、執行命令	法律追責+道德否定	建立法律與道德底線
結構合作者	依制度行事,配合但非發起	結構性責任	體制運作的道德問責
消極服從者	選擇沉默、形式服從	可理解但需反思	分辨自保與逃避的界線
被害反轉者	初期沉默,後期轉向保護或抵抗	值得記憶與再敘事	培養主體覺醒與轉變能力

歷史評價三種觀點比較表

評價觀點	闡述方式	優點	限制
道德純粹論	所有配合皆為共犯,拒絕相對主義	確立正邪界線	忽略人性與結構困境
歷史相對主義	理解選擇背景,不對受害制度者苛責	包容與歷史還原	易削弱責任感與教學意義
轉型倫理觀	強調差異區分與主體轉化,追求道德與和解並存	促進社會辯論與記憶重建	需建立明確分類與公信標準

第 9 章
抵抗與分裂的內部力量

　　極權政權往往努力營造「全國一致、眾志成城」的表象，然而在統治的背後，總有無數聲音未曾消失，無數抵抗未曾中斷。在佛朗哥、拉瓦爾與奎斯林主政期間，雖然警察國家、審查制度與暴力鎮壓肆虐，仍有成千上萬的人選擇了不服從與對抗。第 9 章將聚焦這些分裂的力量與地下的行動者，還原一段段微光閃爍的歷史，並指出即使在極端壓力下，社會始終存在另一種可能。

　　在西班牙，佛朗哥統一政權建立於 1939 年，但內戰後的社會並未真正安定。數十萬共和派成員被處決、監禁或迫害，數以萬計流亡至法國與拉丁美洲，但在國內仍有大批共和勢力持續抵抗。特別是在加泰隆尼亞與巴斯克地區，地方民族主義者不僅反對佛朗哥的中央集權，更反抗其文化壓迫。地下報紙、祕密會議、工人組織在極權監控下持續運作，而「西班牙馬基（Maquis）」游擊隊則在偏遠山區對政府軍發動襲擊。這些抵抗未能撼動佛朗哥政權根基，但卻成為持續的反對聲，讓獨裁者不得不強化軍警部署與情報體系。

第四部:合作者與抗拒者

此外,來自天主教內部的異議也逐漸浮現。雖然佛朗哥政權與教會結盟,但部分神職人員與進步教區對鎮壓與貧窮現象提出批評,天主教社會運動、基督教工人團體開始悄悄擴展影響力。學生運動與知識分子圈也在 1950 年代後期逐漸凝聚,形塑日後西班牙民主轉型的社會基礎。佛朗哥體制的真正裂縫,正是在這些未被制度吸納的群體之間持續擴大。

在法國維琪政權統治期間,抵抗運動成為全國性現象。從軍人、學者、農民到婦女、猶太人、神職人員,法國各階層都有參與者。他們或潛伏於城市角落、祕密印刷反抗文宣;或隱藏猶太家庭、協助逃亡者;或在鄉間破壞鐵道、襲擊納粹車隊。他們不一定有明確的組織架構,也不總是統一指揮,但卻在共同的信念下——「法國不屬於納粹,也不屬於維琪」——而自發地集結行動。

英國的廣播節目《自由法國》成為地下抵抗的精神依託,而流亡倫敦的戴高樂則成為象徵性的國家代表,凝聚了許多軍官與政治菁英重新思考法國命運。拉瓦爾雖全力掃蕩反抗勢力,甚至在學校中懸掛元首與維琪徽章,強迫兒童誓言效忠政權,但真正的國家意識早已逃離他的政治舞臺,轉向街頭、鄉村與地下網絡中。戰後,這些抵抗者不僅重建法國,也成為戰後道德重建的核心。

挪威的抵抗形式則更為直接與全面。奎斯林政權缺乏社會認同,幾乎從第一天起就面對全國性的不服從。公務員、教師、

第 9 章　抵抗與分裂的內部力量

牧師與學生拒絕加入國家統一黨，甚至寧願辭職、坐牢。地下報紙如《非法時代報》持續發行反納粹文章，挪威鐵道工人與漁民協助英軍情報網絡，許多平民家庭藏匿猶太人與政治犯，並協助他們逃往瑞典。

特別值得一提的是挪威教會的全面反抗。當奎斯林政府試圖將教會置於其黨國體制之下時，挪威全國九成以上的牧師聯合簽署聲明拒絕服從，並從講壇上公開譴責其非法性。這場「教會起義」震撼了整個北歐，也打破了奎斯林在道德層面的最後幻想。即使在嚴酷軍事占領之下，挪威社會仍以其冷峻堅韌的民族精神拒絕屈服，成為極權體制中少數未被全面控制的例外之一。

本章也指出，極權政體內部本身即存在著結構性的分裂與矛盾。在佛朗哥體系中，軍方與長槍黨之間曾有權力競爭，技術官僚與傳統主義者在經濟政策上意見分歧；在維琪政府內部，拉瓦爾與貝當之間亦非完全一致，對合作深度與戰後布局持不同立場；奎斯林政權則根本是德國占領機構之附屬，其內部官員與黨員在德國與民族利益間的左右搖擺充滿矛盾與自我否定。

這些內部分裂不僅削弱了政權穩定性，更在戰後轉型中成為追究責任與界定「共犯結構」的爭議核心。抵抗者與合作者之間的界線從未單純清晰，有人曾幫助納粹但同時庇護逃亡者，有人表面服從實則破壞命令。極權體制下的行為倫理，無法用黑白二元思維簡單定義，但人民的選擇仍深刻地影響歷史的走向。

第四部：合作者與抗拒者

第 9 章不是為了塑造英雄敘事，而是希望呈現：即便在最黑暗的時代，也有人選擇不屈、不從、不合作。這些選擇或許微小、破碎、無法立即翻轉體制，但正是這些微光累積起來，才能在歷史轉折時刻照亮通往自由的道路。佛朗哥、拉瓦爾與奎斯林掌握過整個國家的權力，但最終他們都無法完全消滅反抗。因為極權可以奪走法律與制度，但奪不走一個社會的記憶與靈魂。

9-1 西班牙共和勢力與國際縱隊

「反抗從來不是孤立行動，它是在絕望之中尋找聯結、在世界無聲時發出的吶喊。」

—— 國際縱隊退役者回憶錄

1936 年佛朗哥發動政變，意圖推翻西班牙第二共和政府，引爆長達三年的西班牙內戰。這場戰爭不只是西班牙內部的政權爭奪，更成為國際上法西斯與反法西斯力量的第一場大規模對撞。對抗佛朗哥政權的，是一群充滿理想、分裂又堅定的共和派陣營。而在他們之中，最令人注目的，正是那支跨越語言、國界與軍事傳統的抵抗隊伍：國際縱隊。

一、西班牙共和勢力的構成與困境

共和派並非單一組織，而是由多元意識形態團體組成的鬆散聯盟：

第 9 章　抵抗與分裂的內部力量

力量組成	意識形態	重點特徵
社會主義者	工會主義、改良路線	主張土地改革、教育普及
共產黨人	親蘇、紀律化左翼	接受莫斯科支援，強調組織與紀律
無政府主義者	工團主義、自由主義反國家	集中於加泰隆尼亞，反對軍事階級化
地方自治派	巴斯克、加泰等地區主義	要求文化與政治獨立
民主共和派	反獨裁但非激進改革	支持議會制度，主張漸進穩定改革

這樣的多元雖展現了反佛朗哥的社會基礎，但也帶來重重困難：

◆ 內部意識形態不合，戰略方向無法統一；

◆ 軍事指揮分裂，造成資源與命令重疊；

◆ 外援有限，需靠蘇聯或地下力量維持戰力。

然而，正是在這種不完美的條件下，共和勢力持續抵抗超過三年，展現出底層人民與文化菁英的政治動員潛能。

二、國際縱隊的組成與動員邏輯

國際縱隊（Las Brigadas Internacionales）是由共產國際協助組建、但非完全由蘇聯控制的跨國志願軍隊，自 1936 年起陸續抵達西班牙，支援共和政府。

核心特點：

- 來自 53 個國家，超過 35,000 人；
- 志願者多為知識分子、工人、學生、反法西斯活動家；
- 分編為各國縱隊，如：林肯縱隊（美國）、加里波第縱隊（義大利）、圖爾茲基縱隊（德國）等；
- 多數未受過正規軍訓，卻在布魯內特、馬德里、阿拉貢等戰役中扮演關鍵角色。

這支部隊的動員邏輯並非由國家驅動，而是出於國際主義與反法西斯情感，是 1930 年代全球左翼與進步運動的象徵結晶。

三、道德理想與戰場現實的張力

國際縱隊以「為自由而戰」為口號，但其理想主義在現實戰場中面臨極大挑戰：

- 語言與指揮障礙：不同母語的部隊之間溝通困難，指揮效率低下；
- 缺乏軍事訓練：多數志願者為非軍人，實戰中損失慘重；
- 政治分裂影響軍紀：無政府主義與共產主義陣營對待紀律的態度差異，導致內部衝突；
- 情報滲透問題：佛朗哥政權獲得德義支援，技術優勢明顯，共和陣營多次遭到破壞與包圍。

儘管如此，國際縱隊仍在馬德里保衛戰中發揮關鍵作用，延緩了佛朗哥的北進計畫，被視為共和政府堅持抗戰的重要象徵。

四、國際政治與援助孤島的對照

共和政府在外交上處於孤立狀態：

支援國	支援方式	政治立場與動機
蘇聯	軍事裝備、顧問	擴張共產勢力、控制反法西斯敘事
墨西哥	政治聲援、難民安置	拉丁美洲反法西斯外交擴張
國際志願者	人力支援、募資	出於道義、反殖與國際主義情懷

相對地：

◆ 英國與法國推動「不干涉政策」，實際上放任佛朗哥獲得軸心支援；

◆ 美國選擇觀望，直到二戰開打前未明確支持任何一方；

◆ 軸心國（德、義）提供空軍、坦克與軍事顧問給佛朗哥。

共和勢力成為外交與軍事雙重孤島中的堅持者，國際縱隊則成為這段歷史中最具道德象徵的反擊嘗試。

五、戰後命運與歷史記憶

◆ 國際縱隊於 1938 年根據共和政府要求撤出，避免成為外交談判障礙；

第四部：合作者與抗拒者

- 多數志願者回國後遭打壓或冷落（如美國林肯縱隊退伍者被FBI列為潛在危安分子）；
- 西班牙在佛朗哥統治下徹底抹除其歷史，直到 1975 年後方得恢復榮譽。

如今，國際縱隊被重評為「跨國正義先驅」、「反法西斯全球網絡的象徵」，許多城市設有紀念碑或教育專區，以提醒民主社會：反抗極權從不只屬於一國，而是全人類的記憶工程。

■ 一場志願之戰，一段被抹消的國際記憶

國際縱隊與西班牙共和勢力的故事告訴我們，即使力量懸殊，歷史仍會記住那些為正義站出來的人們。他們或許無法改變政權結局，但他們證明了世界上仍存在一種不為政權收編、不受恐懼支配的倫理行動。

在今日全球威權主義陰影再度浮現的時刻，回望這些國際主義者的身影，或許正是重建抵抗記憶與行動勇氣的起點。

9-2 法國抵抗運動的多元脈絡與裂痕

「法國的抵抗，不是由一面旗幟組成的，而是由無數交錯、分裂又堅持的行動網絡所構成的。」

—— 法國歷史學家 羅貝爾・帕克斯（Robert Paxton）

第 9 章　抵抗與分裂的內部力量

當拉瓦爾選擇與納粹合作，當德軍坦克駛進巴黎，許多法國人拒絕與現實妥協。他們離開首都，躲入森林，轉入地下，組織通訊網、破壞鐵路、印製報紙、藏匿猶太人與逃兵。他們稱自己為「抵抗者」（Résistants），但他們不是一個組織、一種理念或一面旗幟，而是許多彼此不認同、甚至互相批評的行動體。

這種「多中心抵抗」的特性，既成就了法國人民的抗戰榮光，也留下了戰後「誰能代表抵抗」的記憶政治爭議。

一、抵抗運動的組織類型與主要成員

法國抵抗網絡分布於城市、鄉村與山區，根據政治立場與行動方式，大致可分為以下幾類：

組織類型	主體背景	行動重點
自由法國派	戴高樂支持者、流亡軍人	建立對倫敦的聯繫、情報傳遞
共產主義者	法共成員、工會幹部	武裝破壞、勞工組織、報刊出版
基督教民主派	天主教青年與教師	輿論教育、庇護猶太人
地方武裝小隊	山區農民、退伍士兵	游擊行動、破壞交通與橋梁
猶太地下網絡	社群自救組織	偽造身分、逃脫通道、國際連線

這些群體雖有共同敵人，卻在對「法國是什麼、抵抗是什麼」的理解上，有根本分歧。

二、內部裂痕與意識形態張力

法國抵抗運動從來不是同聲合唱，而是一場分裂的協奏：

- ◆ 自由法國派傾向保留國家主體性與軍事階層，不願與共產派並肩；
- ◆ 法共視抵抗為全球共產革命的一環，對其他勢力懷疑其階級立場；
- ◆ 天主教青年強調人道與道德正當性，排斥暴力手段；
- ◆ 地方小隊則常因資源爭奪與指揮不統一，與城市派系爆發衝突。

此外，對於是否應主動進行暴力襲擊（如暗殺、炸彈）、如何處理納粹合作者（審判或處決）、是否與盟軍合作（尤其美英 vs. 蘇聯）等議題，也引發極大爭議。

這些張力，不僅展現在戰時決策，更在戰後歷史敘事中持續作用。

三、抵抗行動的策略與實績

儘管存在分歧，各抵抗組織仍在行動上形成「功能互補」：

- ◆ 情報滲透：將德軍調動與維琪命令透過祕密電臺傳送至倫敦；
- ◆ 交通破壞：火車脫軌、橋梁炸毀、電報線切斷，延緩納粹軍事效率；
- ◆ 人員掩護：建立「逃亡線」協助猶太人、英軍飛行員與游擊隊穿越邊境；

◆ 反宣傳：出版地下刊物如《戰鬥報》(*Combat*)、《自由報》(*Libération*) 挑戰官方敘事。

這些行動不僅實質削弱占領機器，也重新建立「我們仍在思考、仍在反抗」的文化信號。

四、戰後的記憶建構與歷史歪曲

二戰結束後，法國迅速進入「民族英雄敘事」的建構期：

◆ 戴高樂塑造出「全民抵抗」神話，淡化合作與分裂歷史；
◆ 法共則宣稱自己為「唯一堅持抵抗至最後的政黨」，強化正當性；
◆ 少數如猶太抵抗組織與女性參與者，則在官方記憶中長期被邊緣化；
◆ 對合作者的清算也多半選擇性進行，部分被納入戰後體制。

這種「抵抗去多樣化」的記憶工程，導致抵抗真實的多元性與矛盾性被壓縮為單一版本的國族神話。

五、重新理解抵抗：一種社會行動網絡

今日的歷史研究試圖重新定位法國抵抗運動，不僅視之為軍事行動，更是一種社會行動網絡：

◆ 橫跨階級、宗教、性別與地理；
◆ 以信任、地方連結與共同風險為基礎；
◆ 在無中央調度下仍能產生戰略成果；

◆ 其分裂性與多元性正是民主與社會韌性的象徵。

這樣的觀點讓我們理解，分歧不是弱點，而是抵抗能量的來源。

▊ 多聲抵抗，才是完整的民主記憶

法國抵抗運動證明，真正的抵抗從不整齊劃一，而是由無數理念、身分與情感交織而成的實踐網絡。它的多元與裂痕不是缺陷，而是歷史真實的部分，是今日民主社會該學習的多元協作典範。

我們不應只記住戴高樂或自由法國，而應記住所有在分裂中仍堅持抵抗的人民——他們用彼此不同的方式，說出同一句話：「我們不接受沉默與服從。」

9-3 北歐抵抗與地下國家的形成

「我們沒有火藥，但我們有字母；我們沒有部隊，但我們有教室；我們不讓國家沉沒——我們把它藏起來了。」

—— 挪威教師抵抗運動宣言（1942）

北歐地區在二戰期間表面上「和平」淪陷，實則潛藏著一場組織嚴密、文化堅定、社會基礎深厚的抵抗網絡。與西歐的武裝抵抗與恐怖攻擊不同，北歐的反抗多以制度性對抗、文化保

護與行政潛伏為主,構成一種「地下國家」(Shadow State):在官方政府崩潰或被收編之際,由民間知識分子、教師、公務員與基層社群組成的非正式治理體。

這種反抗不靠武力,而靠制度記憶、教育自主與集體堅守,證明了:抵抗不必等於槍砲,有時國家可以靠一群拒絕背叛日常職責的人繼續存在。

一、挪威抵抗運動的制度式戰線

德軍占領挪威後,扶植奎斯林成立傀儡政權,企圖以合法面具控制全國。然而,多數挪威人民並未接受這種政權接班,抵抗因此從國家體制中內部展開。

核心抵抗行動:

領域	抵抗方式
教育	全國教師聯合拒絕宣誓效忠奎斯林政府;地下授課
司法	法官集體辭職,不參與政治性審判
教會	教區主教拒絕宣讀政府命令,並發起宗教公文抗議
郵政與鐵路	工會祕密配合延遲命令與物資運送

這些行動表面上是被動抵制,實則形成平行治理系統——讓納粹法令在紙上存在,卻無法進入社會運作現場。

二、丹麥的「合法政府下的非法抵抗」

丹麥政府在德軍入侵後選擇合作,保留形式主權,但民間與政府內部多人實施「柔性抵抗」:

- 官員延緩法令執行、拖延配合；
- 教師與學者持續進行學術自由講座；
- 員警在「執行命令」與「放水」之間尋找灰色地帶；
- 最知名的，是 1943 年丹麥猶太人被德軍準備逮捕前，政府與漁民合作，短短數日內營救 7,000 餘人至中立國瑞典。

這種抵抗形式，不張揚、不暴力，卻精準有效。丹麥地下網絡證明：制度與社會的信任一旦穩固，抵抗可以成為全民的默契行動。

三、地下國家的三項條件

這些北歐經驗顯示，所謂「地下國家」並非臨時應變組織，而需滿足以下條件：

條件	說明
制度記憶	人民知道體制該如何正確運作，拒絕非法命令
社會信任網絡	教師、神職人員、工會彼此有情感與倫理連結
非暴力信念	抵抗是為了保存國家價值，不是摧毀國體

這種形式的抵抗，是對極權最強大的否定 —— 不是暴動，而是全社會以一種「拒絕配合」的方式，共同維護真正的治理正當性。

四、青少年、女性與文化人的參與

與西歐地下組織的男性主導不同，北歐的地下國家建構強調全民參與與日常延續：

- 學生成立「祕密閱讀會」，流通禁書與地下刊物；
- 女性擔任通訊站點、庇護中心與物資運輸者；
- 作家、詩人以雙關與隱喻方式發表「偽官方詩文」，既逃過審查也啟發人民記憶；
- 教會與圖書館成為政治討論與靜默抵抗的非正式空間。

這些參與者證明：抵抗不是菁英行動，而是日常選擇的累積。

五、戰後遺緒與「抵抗文化」的轉化

北歐地下國家的形成，對戰後社會留下深遠影響：

- 建立高信任的政治文化：公務員、教師、媒體仍被視為民主的道德守門人；
- 教科書中詳述抵抗者選擇與道德糾結，培養下一代的公共倫理；
- 成立抵抗博物館、文學節、紀錄片系列，強化記憶傳承。

不過，也存在矛盾：

- 少數與德國合作者仍長期掌握企業資本；
- 對非主流抵抗者（如少數族群、女性）的記錄長期缺位；
- 地下經驗部分被過度神話，掩蓋其中的分裂與妥協。

▌藏起國家，不等於放棄它

北歐抵抗運動教我們，當國家失去合法外衣時，它不必消失，而可以轉入民間體系中繼續運作。這種「地下國家」的出現，不靠革命，不靠血戰，而靠人民對制度倫理的堅持與集體拒絕屈服的默契。

我們從來不缺反抗的理由，而是常常缺少為何而反的信念。北歐的抵抗不是為了反對誰，而是為了不背叛自己 —— 這種抵抗，最靜默，也最強大。

9-4 軍中與官僚體系的隱性反抗

「真正的抵抗，有時不是吶喊，而是一句命令的延遲、一份報告的缺席、一個看似無意的錯誤。」

—— 政治倫理學者 芮內・克拉沃（René Claveau）

在多數歷史敘事中，反抗常被描繪為劇烈的對抗、地下的武裝或民眾的起義。然而，當我們將視線移向政權內部，特別是軍隊與官僚體系，會發現另一種形式的反抗 —— 隱性抵抗。

這些人身處體制核心，表面上服從命令，實則透過「延遲、混淆、拒簽、錯誤執行」等方式，使不義政策的實施出現裂縫。他們不總是英雄，但他們的選擇，為抵抗留下了制度內的空氣縫隙。

第 9 章　抵抗與分裂的內部力量

一、軍中抵抗：從拒命令到情報洩漏

即使在嚴密控制的軍隊中，也存在選擇不完全執行命令、或私下協助反抗者的「體制內抵抗者」。以西班牙、法國與挪威為例：

西班牙內戰後期

佛朗哥政權內部部分將官對清洗政策感到不安，故意誇大戰況、拖延出兵或不執行報復行動；

部分軍醫私下庇護被捕左派、將其誤診或調離名單。

維琪法國

軍事情報局部分人員向倫敦通報維琪動向；

指揮系統中存在「命令拖延鏈」，讓關鍵行動錯過時機。

奎斯林政權下挪威

軍官拒絕協助德軍動員；

少數軍法人員拒簽判決文，使審判延遲無法執行。

這些行為即使沒有組織性，但在總體效果上削弱了政權暴力的執行效能。

二、文官體系的「行政性反抗」

文官制度是一個政權治理的重要執行手臂，而當文官「假服從、真抵抗」時，制度就不再密封：

第四部：合作者與抗拒者

抵抗手段	實施方式與效果
拖延回應	對上級命令要求補件、加注條件，實質延誤時效
記錄模糊	行政簿冊故意簡略或不記名，讓清查與追責無法進行
錯配資源	將命令中指定的配給、警察人力調離原地，造成執行力下滑
行政「失憶」	推諉責任、否認接收文件，讓關鍵政策找不到承辦人

這些作法讓獨裁者在掌握命令權的同時，卻失去執行的觸角，形同制度空轉。

三、體制中的「雙面人」：角色困境與風險承擔

隱性反抗者常面臨三重倫理張力：

忠誠與良知的衝突

身為軍人或公務員，他們被訓練為執行者，但在面對道德不正當命令時，他們需自行判斷界線，背負風險。

恐懼與責任的交錯

多數人無法公開反抗，因為一次行動可能導致家人受累、身分暴露、被列黑名單。

歷史地位的不確定性

他們無法成為地下英雄，也未被體制嘉許，常在戰後被遺忘，甚至被誤認為共犯。

這些人展現出一種特殊的倫理位置:在體制內存有反思能力的人,是歷史最難辨識也最該理解的一群。

四、如何衡量隱性抵抗的政治效果?

雖然無法像軍事行動那樣「可見」,但隱性抵抗的影響可從以下面向衡量:

◆ 延緩傷害:使壓迫行動拖延、誤時、降低殺傷力;
◆ 製造模糊空間:在權力系統中建立可供彈性解釋的緩衝區;
◆ 暗中支援外部抵抗:情報洩漏、資源轉送、人員掩護;
◆ 累積信任資源:成為戰後轉型的中介力量,如過渡政府、人權調查者。

這些效果的核心價值在於:保存制度內仍可能反思與改變的能量。

五、戰後如何看待體制內反抗者?

許多國家在戰後針對軍人與公務體系進行清算或再任用,對隱性反抗者的處理則充滿爭議:

◆ 部分成為過渡政權骨幹,但也引發「是否妥協過多」的質疑;
◆ 有些人選擇沉默退休,避免再度卷入政治紛爭;
◆ 少數被誤認為合作者,歷史評價需靠文件、證詞逐一釐清。

這提示我們:記憶建構若過於簡化善惡二元,就可能壓縮了真實歷史中那些最困難的選擇空間。

第四部：合作者與抗拒者

■ 不是所有的服從都代表順從，不是所有的沉默都等於無聲

軍中與官僚體系的隱性反抗者，證明了體制本身也有可能成為抵抗的場域。他們的選擇不是爆裂性的對抗，而是滴水穿石般的破壞與轉化。他們用微小行動阻止了制度成為完全封閉的機器。

我們不能將抵抗僅理解為外部攻擊，也必須看到那些在命令與道德之間擺盪、用行政動作延緩惡意的人們。因為有他們，歷史才未必完全走向最黑暗的結局。

抵抗不是一種形式，而是一種生存選擇

本章探討三個戰時政權中的內部反抗網絡，包括：

◆ 西班牙共和陣營與國際縱隊的理念動員；
◆ 法國多元抵抗者之間的分裂與協作張力；
◆ 北歐地下國家與體制性防衛機制；
◆ 軍隊與文官系統中的隱性行動者。

抵抗在這些情境中從來不只有槍砲與標語，它有時是一次誤傳的電報、一節未開的課程、一份沒有蓋章的命令。在極權的陰影下，抵抗變成一種日常修辭與倫理選擇，橫跨群體、制度與國界。

第 9 章 抵抗與分裂的內部力量

隱性反抗形式對照表

領域	抵抗類型	操作方式	效果與風險
軍事體系	拒絕命令	以誤解、延遲、故意錯誤等方式拖延命令	減少攻擊強度；被指控抗命
行政機關	文件抗命	拖延文件、錯配資源、模糊記錄	降低政策實施效率；可能遭查辦
教育體系	地下課程	教授被禁教材、不宣讀政令	保存文化；有失業風險
通訊與媒體	非官方傳播	口耳相傳、匿名出版、擦邊報導	擴散真相；遭查封與審查

官僚抵抗倫理三階模型

層級	行動邏輯	道德張力
第一道線	緘默／不表態	自保 vs. 合作
第二道線	行政性拖延或誤執行	體制忠誠 vs. 良知責任
第三道線	暗中支援反抗、洩漏情報	違命風險 vs. 歷史正義

此模型說明：官僚與軍人並非非黑即白的共犯或英雄，他們往往在這三層之間移動與掙扎，反映了抵抗本身就是道德與現實之間持續協商的過程。

第四部：合作者與抗拒者

第五部：
崩解、審判與歷史記憶

第五部：崩解、審判與歷史記憶

第 10 章
軍事失敗與政權瓦解

極權政權的穩定,往往建立在恐懼、操控與外力支持之上;一旦戰爭轉向、國際局勢改變或社會內部覺醒,那些曾看似堅不可摧的統治機器,便可能在極短時間內土崩瓦解。第 10 章將聚焦佛朗哥、拉瓦爾與奎斯林三人所建立政權的終局——三種不同的潰敗過程,一個歷史教科書式的譴責,一個政治失算者的終場,一個冷血倖存者的孤獨延續。

奎斯林政權的瓦解幾乎與德國在北歐戰場的潰敗同步。隨著二戰後期德軍戰線潰退,盟軍登陸法國、蘇軍逼近東線,納粹在挪威的軍事支撐也逐步削弱。1944 年後,德國將重兵從北歐調往歐陸戰場,使得奎斯林政權實際控制力大幅下降。地下抵抗勢力更加活躍,民眾拒絕配合的情緒達到高點,城市與鄉村間出現頻繁的暴動、破壞與暗殺行動。1945 年 5 月,德國宣布無條件投降,納粹占領軍在挪威迅速瓦解。奎斯林試圖與挪威流亡政府談判,聲稱自己可協助「和平過渡」,但沒有人接受他的說法。他很快被捕,並在 1945 年 10 月被判處叛國罪與戰爭罪,遭槍決。他的政權短命、沒有合法性、缺乏支持,也未

第五部:崩解、審判與歷史記憶

留下任何正面遺產。他的結局成為極權合作者中最清晰、最無辯解餘地的歷史敗局。

拉瓦爾的下場則帶有濃厚的悲劇性與自我誤判。他一直認為德國最終將勝利,或者至少會與西方列強達成某種妥協,因此他投入維琪政府的合作是出於「遠見」與「政治務實」。但他低估了盟軍的決心,也誤判了德國的殘暴程度與法國人民的憤怒。1944年盟軍登陸諾曼第、解放巴黎,維琪政權即刻崩潰。拉瓦爾與貝當一同被德軍轉移至德國南部,最終在戰爭結束後被盟軍逮捕,交還法國審判。拉瓦爾在法庭上強烈為自己辯護,稱一切行動都是為了「保存法國」,但法國民眾與新生政府對他的寬容已耗盡。他被判處死刑,1945年10月遭槍決,成為法國歷史上最具爭議的合作者之一。他的政權並未在戰後留下制度延續,維琪只是歷史插曲,而非制度重構;他的名字成為法國現代史中最難以洗刷的恥辱象徵。

與上述兩人不同,佛朗哥並未因戰爭失敗而下臺,反而因其「中立政策」成功倖存。他自1939年起即主政西班牙,雖在內戰中接受納粹與法西斯軍事支援,但在二戰期間保持不參戰,僅派出象徵性部隊協助德軍作戰。當軸心國敗局漸明時,佛朗哥迅速調整立場,宣布嚴守中立,並與西方聯繫,避免被視為戰犯國。戰後初期,西班牙一度遭到孤立,但冷戰爆發後,美國與西方國家為了建立反共防線,選擇重新接納佛朗哥政權。1953年,美西簽署軍事與經濟合作協定,美國在西班牙建立軍

第 10 章　軍事失敗與政權瓦解

事基地，換取經濟援助與外交認可。這場歷史性交易讓佛朗哥政權脫離被清算的命運，進入「國際冷戰倖存者」的位置。

儘管如此，佛朗哥政權並未永遠穩固。1960 年代末期，西班牙社會逐漸出現世俗化、城市化與民主化聲音。學生運動、工會抗爭、知識分子批判日漸頻繁，而佛朗哥年事已高，無力面對新的社會局勢。他試圖安排王室繼承人胡安・卡洛斯為國王，盼望王權繼續延續其政治遺產。但 1975 年他病逝後，胡安・卡洛斯卻選擇推動民主轉型，恢復議會制度與政黨政治，促成西班牙和平過渡為憲政民主國家。佛朗哥的政權雖未因戰敗而倒臺，但最終仍被歷史與社會拋棄。他的統治留下了經濟現代化與社會壓抑的雙重遺產，也留下了西班牙集體記憶中最困難的一段轉型時光。

三位人物政權的崩潰，呈現出極權政治不同的終結方式：一個因軍事失敗被迅速清除；一個因合作背叛被法庭審判；一個雖存續數十年，終究無法逃過歷史更新的宿命。他們皆曾操控國家機器、壟斷政治語言、剝奪社會自由，但最終也都無法抵擋歷史與人民的反撲。他們的崩潰說明了極權體制表面強大、內部脆弱，一旦失去外力支援或社會接受，其瓦解往往比想像中更迅速、更徹底。

第 10 章所強調的不是軍事失敗的技術細節，而是政治正當性喪失的過程 —— 當人民不再信服，當國際不再支持，當內部開始裂解，再堅固的體制也會轟然倒塌。佛朗哥、拉瓦爾與

第五部:崩解、審判與歷史記憶

奎斯林政權的終局,是對所有專制者的警示:權力可以靠暴力奪取,卻無法靠壓迫永遠維繫;制度可以被操縱,但歷史終將清算。

10-1 軸心國潰敗與國內局勢崩盤

「獨裁政權的穩定從不建立於勝利,而建立於勝利的幻象。一旦戰敗成為現實,幻象破滅,政權的根基也隨之崩塌。」

—— 國際關係史學者 路易・帕斯克（Louis Pasque）

第二次世界大戰進入 1943 年之後,隨著盟軍於北非登陸、蘇聯紅軍在史達林格勒取得決定性勝利、義大利墨索里尼被推翻,納粹德國逐步進入敗勢。這不僅改變了全球戰略格局,更對歐洲各地法西斯政權與合作政府帶來致命衝擊。

佛朗哥、拉瓦爾與奎斯林三個政權,雖位居軸心國邊緣,但其存續皆高度依賴德國或義大利的強勢存在。當戰局逆轉,他們面對的不只是外援中斷,更是內部忠誠瓦解、社會信心崩盤與國際正當性全面撤回的三重危機。

一、軍事失勢帶來的「統治真空」

軸心潰敗關鍵事件	對各政權的即時衝擊
1943 墨索里尼垮臺	佛朗哥切斷與義大利正式關係,避免連帶責任

第 10 章　軍事失敗與政權瓦解

軸心潰敗關鍵事件	對各政權的即時衝擊
1944 諾曼第登陸	拉瓦爾失去德國實質軍事保護，控制區縮減
1945 柏林陷落	奎斯林政權失去德軍支持，全面解體

這些轉折點讓各地法西斯統治由外部支撐型轉為內部脆弱型，軍事撤退帶走的不只是武力，更是政權生存的象徵性遮蔽。

二、外交孤立與合法性崩解的連鎖反應

軸心國潰敗後，國際社會開始重新審視戰後秩序：

- 佛朗哥政權因未正式參戰而短暫避免被列為戰犯體制，但被排除在聯合國成立初期機構之外；
- 拉瓦爾政府被盟軍與自由法國視為非法體制，1944 年德軍撤退後即刻遭接管，拉瓦爾本人逃亡後被引渡審判；
- 奎斯林政權幾乎無人聲援，德軍投降當日即遭民眾推翻，總理府被占領，奎斯林被捕後迅速定罪。

外交孤立的結果是：這些政權無法再以任何「合法政府」之名對內統治或對外發言，成為歷史邊緣的孤島體制。

三、內部忠誠解構與社會秩序崩潰

政權的軍事與外交保護一旦失效，原本依附其中的行政與社會機制也迅速瓦解：

- 軍警人員開始消極執行命令，甚至主動倒戈；
- 黨內菁英與地方領導者紛紛逃亡、棄職或公開與政權切割；

第五部：崩解、審判與歷史記憶

- 民間出現大量報復性行動，如毆打、審判合作者、焚毀文件等「反轉儀式」；
- 國家機關的象徵權威崩潰，旗幟降下、雕像被毀、政治宣傳品被塗抹或焚燒。

這些現象不只是情緒宣洩，而是對政權失去信任的集體證明——一旦社會不再「扮演服從」，權力本身即告失效。

四、政權自保機制的錯誤應對

在戰局逆轉之際，三位領袖的應對策略反映出其統治盲點：

- 佛朗哥選擇快速收斂對德合作痕跡，切割與納粹連繫，重提「西班牙自主性」，但也因此失去法西斯國際支持；
- 拉瓦爾仍試圖與納粹緊密合作，幻想德國會反攻成功，反而錯失撤退與交涉機會；
- 奎斯林繼續高喊「新秩序」口號，錯估情勢，最終被視為瘋狂附庸，而非政治人物。

這些決策顯示：過度依賴外部軍事霸權的體制，一旦局勢失控，即無內部自我修復與轉型的能力。

五、潰敗不只是政權崩解，更是國族敘事重寫的開端

軸心潰敗帶來的不是單一政權的倒臺，而是整個國族敘事的重寫契機：

第 10 章　軍事失敗與政權瓦解

◆ 原本的「秩序神話」、「領袖神話」、「敵人神話」被集體否認；
◆ 新興抵抗者與外放流亡者成為「重建國族記憶」的話語核心；
◆ 政權崩解不只終結政治主體，也終結了某種集體身分認同；
◆ 國家需在「清算與和解」、「審判與遺忘」之間重新建構合法性。

這場潰敗不只是戰敗，而是語言、權力與歷史位置的徹底重組。

■ 當勝利幻象破滅，權力赤裸暴露

佛朗哥、拉瓦爾與奎斯林政權的崩盤，證明了軍事勝利是一切極權體制的象徵命脈。一旦這個象徵失效，政權失去的不只是武器與士兵，而是對人民的心理支配與正當性包裝。

而當社會不再扮演服從者的角色，政權便赤裸暴露在真實脆弱之中──沒有信任的命令，只是一張紙；沒有認同的體制，只是一堆制度外殼。

10-2 崩解時刻中的決策困境與政治瓦解

「一個政權的垮臺，不始於外敵攻擊，而始於它再也無法作出能被相信的決定。」

── 政治行為理論家　約翰・米勒（John Miller）

第五部：崩解、審判與歷史記憶

歷史上的極權與合作政體，其瓦解往往並非一夕之間的軍事崩潰，而是由領導者在關鍵時刻無法有效作出決策、體制內部對命令喪失執行意志、群眾情緒轉為冷感與敵意所共同造成的連鎖崩壞。

佛朗哥、拉瓦爾與奎斯林三位領導人，在面對軸心潰敗與國內局勢失控時，皆陷入不同類型的政治困局。本節聚焦於這些「崩解時刻」中的三重難題：資訊失真、忠誠鬆動與決策遲滯，解析政權如何在選擇錯誤中走向無可挽回的瓦解。

一、資訊失真：領導者被包圍在「虛構現實」中

當政權進入末期，資訊傳遞體系往往已高度扭曲，造成「真相上不去、命令下不來」的雙向失靈：

- 佛朗哥的情報圈為穩定其情緒與地位，多數只傳報正面戰況與忠誠承諾，導致其錯估內部不滿與經濟惡化程度；
- 拉瓦爾對德國勝利抱持過度樂觀幻想，忽視盟軍反攻已進入倒數階段；
- 奎斯林則長期深信納粹終將戰勝，甚至至 1945 年 4 月仍對「德軍奇蹟反攻」深信不疑。

資訊失真使領導人誤判局勢，導致政策停滯或做出完全背離現實的政治行為，加速體制與社會之間的認知斷裂。

二、忠誠鬆動：體制空轉與命令破碎化

在戰局惡化與外援消失的同時，政權內部忠誠結構亦出現斷層：

表現徵兆	案例說明
軍隊拒絕執行命令	挪威將官未依奎斯林命令動員部隊支援德軍
地方行政單位逐漸自行其是	維琪地方官員開始與自由法國私下接觸，疏遠中央政府
黨內高層出現棄職與潛逃現象	拉瓦爾身邊幕僚紛紛逃離，數名外交官提前向盟軍表忠
國家儀式與象徵被消解	官方活動冷場，群眾缺席或拒唱官方頌歌

忠誠鬆動不僅反映人心已變，更代表政權無法再從制度中提取效忠資源，整個統治機器失去協作與動能。

三、決策遲滯：錯失時機與強化錯誤的惡性循環

領導人在崩解時刻若未能快速應變，往往陷入以下三種決策遲滯困境：

否認現實型遲滯

拒絕承認潰敗事實，選擇與外界斷絕聯絡，維持自我封閉的「安全幻象圈」。

僵化政策型遲滯

仍以過去經驗複製舊模式（如鎮壓、宣傳、象徵儀式）來應對全新情勢。

誤判對象型遲滯

將壓力來源誤解為「叛徒內部」而非外部戰局，錯誤進行清洗與懲罰。

這些遲滯會在體制中產生「遲延-錯誤-反彈-加速崩解」的政治回饋鏈，讓政權陷入自我毀滅的邏輯。

四、面對「失敗已成事實」的心理困局

歷史上的失敗政權領導人，常難以面對現實瓦解，出現以下心理反應：

- 英雄幻想：如奎斯林至最後一刻仍相信自己是北歐新秩序的開創者；
- 殉道情結：拉瓦爾以「被誤解的保國者」姿態接受審判，拒不認錯；
- 幻象維穩：佛朗哥則選擇模糊中立、拖延戰後轉型，以時間換取穩定幻象。

這些反應使領導人無法提出正面改革或交接方案，最終連帶拖垮整個體制走向沉沒。

五、瓦解的形式與節奏：不是倒臺，而是失效

政權崩解不一定以政變或軍事推翻呈現，更多時候是以體制失效、社會抽離與群體不再相信的形式：

瓦解指標	說明
政令無人執行	命令發出後無執行主體，變成紙上宣告
象徵無人認同	國旗、語言、廣播不再具有凝聚力與情感連結
領袖無人相信	領導言論被視為謊言或重複語言，無新信號
群體無人聚集	集會、閱兵、國慶變成冷場儀式

這是一種「社會去政權化」過程：政權還在，功能已空；領導還講，人民已走。

■ 一場政治失能的連鎖崩解

佛朗哥、拉瓦爾與奎斯林在戰局逆轉後所面對的，並非單一敵軍壓境，而是一場集體意志與治理結構的全方位熄火。而這場熄火，來自於長期的資訊失真、忠誠濫用與決策無能。

極權政體的脆弱不在其鐵血，而在其無法容納錯誤的治理設計。一旦出現變局，它無法自我修正、也無法容忍懷疑，最終只剩加速崩壞的宿命。

第五部：崩解、審判與歷史記憶

10-3 拉瓦爾與奎斯林的垮臺與被捕

「一個領袖的垮臺，不只是制度結束，更是一場社會記憶的重新編碼。」

—— 現代記憶政治學者 艾瑞克・哈茲（Erik Haas）

當軸心國潰敗的命運已成定局，曾與其合作或依附的政權迅速瓦解。拉瓦爾與奎斯林，這兩位以「現實主義」或「理念忠誠」自居的政治人物，最終都在二戰結束前後成為歷史責任的載體與象徵性清算的對象。

但他們的垮臺並非一夜之間，而是一段由信任崩解、組織潰散到群眾憤怒的集體進程。本節即聚焦於這段歷程，從他們在末日邊緣的選擇，到被捕與審判的過程，再到後人對其身影的記憶與詮釋。

一、拉瓦爾：從權力中樞到國際罪人

皮耶・拉瓦爾曾是第三共和的明星政治人物，亦是維琪政府的首相與德國的主要合作代表。然而到 1944 年夏季，隨著盟軍諾曼第登陸、德軍敗退，拉瓦爾的政治地位迅速崩塌：

崩潰關鍵時刻：

- 6 月：德軍撤出巴黎，維琪政權形同空殼；
- 8 月：自由法國部隊收復巴黎，戴高樂宣示成立臨時政府；
- 9 月：拉瓦爾逃往德國巴伐利亞，成為納粹的「包袱」。

第 10 章　軍事失敗與政權瓦解

德國戰敗後，拉瓦爾由美軍逮捕並引渡回法國。他的垮臺呈現一種「無人相挺、無處可逃」的權力真空景象──過去的盟友、敵人與群眾全數與他切割。

被捕與審判：

- 1945 年 10 月，拉瓦爾在巴黎接受軍事法庭審判；
- 他堅稱自己的合作是為「避免法國更大的災難」，但證據顯示他積極推動猶太人交付與強迫勞工輸送；
- 他在庭上拒絕為自己辯護，曾試圖自殺但未遂；
- 最終於 1945 年 10 月 15 日被處決。

拉瓦爾垮臺的象徵性意義在於：現實主義若無價值界線，最終將被歷史所否定。

二、奎斯林：從國家首腦到歷史笑柄

維德孔・奎斯林原為挪威軍官與外交官，1940 年德軍入侵當天即宣布成立新政府，獲納粹支持成為象徵性「國家元首」。他深信自己是挪威未來的秩序建構者，但這份自信在戰爭末期成為全面斷裂的幻覺。

崩潰關鍵時刻：

- 1944 年：德軍在東線潰敗，挪威境內抵抗行動劇增；
- 1945 年 5 月：納粹德國無條件投降，德軍撤出奧斯陸；
- 奎斯林拒絕主動下臺，仍在總理府內等待「最後轉機」；

第五部：崩解、審判與歷史記憶

- 5月9日：被抵抗軍逮捕，沒有衛兵抵抗，無任何組織響應。

他被捕時身穿制服，坐在自己辦公桌前，彷彿仍堅信自己代表國家，卻沒人再承認這一身分。

被捕與審判：

- 審判於1945年夏天進行，由挪威最高法院主導；
- 奎斯林辯稱自己為了阻止德國直接統治，才選擇「象徵性合作」；
- 然而事實證明他主動推動納粹化教育、遞交猶太人名單、協助德軍鎮壓；
- 1945年10月24日，奎斯林被槍決於奧斯陸要塞。

他的名字（Quisling）也從此被寫入辭典，成為「背叛者」的代名詞。

三、群眾參與與歷史情緒的釋放

兩人的被捕與處決不只是法律程序，也是一場歷史記憶的情緒清算：

- 在拉瓦爾審判期間，巴黎街頭舉行反合作者遊行，群眾高呼「正義要來了」；
- 奎斯林被押送途中，許多挪威市民對其吐口水、撕毀其肖像，甚至搶占其故居以為象徵「國家收回主權」。

第 10 章 軍事失敗與政權瓦解

這些群體反應不只是對人的報復,更是對整段歷史的宣判。政治體制崩潰後,人民需透過象徵性行動重建秩序感與正義感。

四、比較分析:兩種垮臺邏輯,一個共同命運

項目	拉瓦爾	奎斯林
合作動機	現實主義、自認保國	理念忠誠、深信新秩序
崩潰型態	外逃被捕、無組織回應	留守原位、毫無響應
被捕時狀態	憔悴自責、意圖自殺	堅持職權、表現傲慢
歷史定位	現實失格者、模糊的忠誠與背叛	完整投敵者、「叛國者」象徵

兩人雖動機不同,但結局相同 —— 在歷史法庭上失去所有辯護空間,成為戰後新秩序的反面教材。

■ 垮臺的不只是人,更是價值與敘事

拉瓦爾與奎斯林的垮臺,揭示了當體制走向極端,個人即使想成為調和者或救世主,也無法避免淪為替罪羔羊的命運。他們或許非唯一加害者,卻因站在錯誤位置、做出錯誤選擇而成為歷史標靶。

這不是單純的審判,更是社會對「選擇錯誤價值」的集體排拒。他們的結局提醒我們:在歷史轉折中,真正被審判的往往不是人,而是一整套失敗的信仰系統與語言結構。

第五部:崩解、審判與歷史記憶

10-4 佛朗哥的轉圜與獨裁延續

「有些獨裁者死於絞刑臺,有些死於療養院 —— 關鍵不在殘暴程度,而在其政權是否能重新與世界對話。」

—— 政治史評論家 瑪莉安娜・杜費(Marianne Dufay)

當 1945 年納粹德國戰敗、義大利墨索里尼被處決、法國與挪威合作者遭審判,西班牙的佛朗哥卻得以維持政權,甚至逐步脫離國際孤立,延續其統治直到 1975 年逝世,成為二十世紀最長壽的法西斯政權之一。

本節即分析佛朗哥如何從戰敗邊緣完成「獨裁續命的策略轉圜」,包含外交重構、內部清理、象徵再造與制度封存四大關鍵操作。

一、戰後危機:從潛在清算對象到孤立政體

二戰結束後,西班牙面臨三重壓力:

- 國際譴責:美英蘇公開指控佛朗哥為軸心支持者;
- 外交孤立:1946 年被聯合國排除,歐洲國家撤回大使;
- 內部不穩:共和流亡者呼籲復辟、地下反抗再起、經濟蕭條嚴重。

在這種情況下,佛朗哥原有的「反共神話」與「秩序至上論」失去吸引力,政權陷入生存危機。

二、策略轉圜一：象徵割裂與語言清洗

佛朗哥首先著手重建敘事結構，與納粹系統切割符號連結：

◆ 停止官方使用「法西斯」與「軸心」等術語；
◆ 重新塑造政權為「天主教－保守－反共」三位一體的「西班牙特色體制」；
◆ 清除德義風格的軍事儀式與圖像，改為民族歷史傳統語言；
◆ 廢除親德報紙，重編教科書敘事，將內戰定性為「國家救贖戰爭」。

這種語言上的清洗，使佛朗哥政權逐步擺脫法西斯標籤，轉化為保守民族政權的象徵代表。

三、策略轉圜二：外交重建與冷戰再定位

進入冷戰後，佛朗哥成功利用地緣政治轉向為自己尋找生存空間：

◆ 1953 年與美國簽署「馬德里協定」，提供軍事基地換取經濟援助與政治支持；
◆ 成為美國在西歐南端「反共堡壘」的象徵；
◆ 1955 年重新加入聯合國，結束國際孤立；
◆ 藉由反共立場淡化二戰合作背景，讓西班牙成為「不完美但可合作的政權」。

第五部：崩解、審判與歷史記憶

這一轉圜顯示：獨裁者的存續，關鍵不在於道德，而在於是否能再次融入新的國際秩序。

四、策略轉圜三：制度封存與反抗壓縮

佛朗哥維持極權的方式不是改革制度，而是將體制徹底封存，形成不動核心與可變表層的雙軌統治：

體制層面	操作方式
政治制度	凍結議會、禁止政黨、實行長官制與言論審查
社會結構	利用教會、工會與家庭建立服從文化
經濟政策	早期自給封閉→1959年後啟動穩定發展計畫
安全機構	擴充國民警衛隊、建立祕密警察與通報網絡

反抗者在此體制下幾乎無法組織，體制本身也不允許內部修復或調整，只能等待「領袖的死亡」作為轉機。

五、佛朗哥獨裁延續的條件與他者對照

對比拉瓦爾與奎斯林的迅速崩潰，佛朗哥的延續顯示以下差異：

面向	佛朗哥	拉瓦爾／奎斯林
是否直接參戰	否，保持戰爭中立	是，協助納粹實施政策
是否依賴單一強權	否，利用德義但不綁定	高度依附納粹德國
是否保留體制能動性	是，維持軍政與教會控制力	無，受德軍控制或架空

面向	佛朗哥	拉瓦爾／奎斯林
是否能轉換敘事	能，轉向反共與國族神話	否，始終綁死於納粹話語

因此，佛朗哥不只是政治倖存者，更是極權體系中極罕見的「敘事調適者」。

◾ 獨裁延續不是因為強，而是因為懂得轉

佛朗哥政權的延續，不在於其軍事或道德優勢，而在於他懂得何時割捨、何時靜止、何時妥協。這種柔性硬殼的治理邏輯，使他成為極權時代最具變形能力的政治生物。

他證明了：獨裁可以不靠崇拜延續，而靠低頻統治與外交技巧穩住生存空間。

而這種延續，雖躲過戰後清算，卻也為西班牙留下長達數十年的「記憶困局」，直到民主轉型後仍持續影響世代認同與歷史對話。

從潰敗到延續：政權終局的分歧命運

本章從軍事潰敗與社會瓦解出發，分析佛朗哥、拉瓦爾與奎斯林政權在二戰末期的命運轉折。拉瓦爾與奎斯林走向斷裂與審判，而佛朗哥則完成語言割裂、地緣再定位與制度封存，實現獨裁延續。

這些案例揭示：政權崩解與延續不單取決於道德正當性，

而是能否在體制與敘事上完成轉圜操作。歷史的判決,來自社會的記憶,也來自政治的適應能力。

崩解 vs. 轉圜政權比較對照表

項目	拉瓦爾／奎斯林	佛朗哥
軍事依賴	高度依附德軍	模糊中立、有限合作
外交調整能力	無,無法脫鉤	能,轉向美國、重塑反共敘事
敘事靈活性	固著於納粹語言與話術	割裂法西斯符號,包裝成民族保守政權
體制韌性	被占領軍控制、內部機關失能	保留軍政權力、國內制度可動員
歷史定位	背叛者、失敗者	延命者、轉型前遺緒

■ 佛朗哥延續策略四步驟流程圖

(一) 敘事切割

→停用法西斯語言→重構國族敘事→天主教民族形象上位

(二) 外交再投資

→利用冷戰→與美國簽訂軍援基地條約→成為反共橋頭堡

(三) 制度性封存

→凍結民主體制→擴大警察與教會控制→建立封閉政治模型

(四) 表面開放與實質維穩

→經濟開放誘導成長→政治無改革空間→延續至自然終結

第 11 章
審判與轉型正義

　　當極權政權垮臺後,社會總會面對一項艱難的任務:如何處理過去?是審判?是遺忘?還是選擇性記憶?正義的實踐不僅關係到個人命運,更深刻地決定了整個國家的倫理方向與歷史敘事。第 11 章將以拉瓦爾與奎斯林的公開審判與處決,以及佛朗哥體制下的「不審判轉型」作為對照,探討三種不同歷史轉折的正義實踐,揭示「轉型正義」並非只是司法程序,更是一種集體價值的選擇。

　　皮耶‧拉瓦爾的審判是法國戰後清算法西斯合作者中最具象徵性的案件。1945 年,他被押送回巴黎,接受臨時法庭審理。審判氣氛極為緊張,民眾對他的憤怒早已超越法理範疇。他被控叛國、協助敵人、參與迫害猶太人與鎮壓法國人民。儘管拉瓦爾在法庭上堅稱自己「只是選擇了次好的選項」、「希望保存法國的完整」,但他的辯詞無法改變他在人民心中的形象 —— 一位披著政治外衣的合作者,一位出賣國家的技術官僚。他被迅速判處死刑,於 1945 年 10 月遭到槍決,臨刑前拒絕蒙眼,聲稱自己「為法國而死」。拉瓦爾的審判是對維琪體制的總結,也

第五部：崩解、審判與歷史記憶

是對戰時務實主義所造成道德傷痕的警告。他的死成為法國「淨化過去」的象徵，但也留下更深的問題：究竟誰是真正的合作者？誰又能定義忠誠與背叛？

與此同時，挪威的奎斯林審判更為清晰直接。他在德軍投降後即被捕，並於 1945 年被判叛國罪與戰爭罪。法庭無需太多辯論，因為證據過於明確：他主動協助外國勢力入侵祖國、任職於傀儡政權、推動納粹政策、協助驅逐與迫害猶太人。奎斯林的審判不只是法律程序，更是一場全民心理療癒儀式。挪威人民不僅要求法律懲罰，更藉由審判重新找回被剝奪的國家尊嚴。他於 1945 年 10 月被槍決，其名字從此成為世界語彙中「賣國賊」的代名詞。他的命運雖毫無翻案空間，但也因此展現了一個極權政權瓦解後，國家如何以法治手段重新建立倫理秩序與歷史主體性的經典案例。

相比之下，佛朗哥的政權並未經歷戰後清算。由於其二戰期間保持中立，且在戰後迅速與美國接觸、獲得冷戰格局下的外交豁免，佛朗哥成功規避了國際審判與內部動盪。他於 1975 年自然死亡，並由其親自挑選的繼任者胡安・卡洛斯接班。雖然卡洛斯推動了民主轉型，但為了避免軍事與社會對立，西班牙選擇了所謂的「遺忘協議」（Pacto del Olvido）：不追究佛朗哥政權的罪行、不追溯戰爭清算、不設立真相與和解委員會。許多政治犯未獲平反、家屬無法取得真相、數以千計的內戰與鎮壓受害者被埋在無名墳塚中。這種「不審判的轉型」雖促成政權

第 11 章　審判與轉型正義

平穩更迭,卻也讓歷史創傷長期未癒,直到二十一世紀初,才出現一系列尋求真相與挖掘遺骸的草根運動與歷史倡議。

這三種轉型正義路線,分別代表「立即清算」、「司法審判」與「制度遺忘」的三種模式。拉瓦爾與奎斯林的審判回應了民意的道德渴望,也彰顯了司法作為歷史仲裁者的力量;而佛朗哥體制的無審判交接,則留下了制度穩定與歷史傷口並存的雙重遺產。轉型正義在這裡不只是追責的過程,更是一個國家如何理解過去、詮釋現在與想像未來的反映。

本章也必須面對一個現實難題:審判本身是否等於正義?當一個體制罪行涉及數十萬人、幾十年歷史,單靠幾場審判是否足夠?那些未被起訴的官僚、參與者與沉默者,是否也該承擔集體責任?更重要的是,社會該如何處理那些「不得不合作」的灰色角色?這些問題沒有簡單答案,但三位主角的命運,正提醒我們:無論制度如何解構與再建,歷史不會自動癒合,它需要誠實、公開與願意承擔的社會意志。

第 11 章不是勝利者的報復史,而是對正義深層面向的反思。審判雖可懲惡,但未必能轉化歷史;遺忘雖能帶來短暫穩定,但必然留下潛伏的裂痕。真正的轉型正義,既要有制度的回應,也需有記憶的誠實;既要面對加害者的責任,也不能忽視受害者的呼聲。正義,不是歷史的句點,而是歷史能否走向成熟的分水嶺。

第五部：崩解、審判與歷史記憶

11-1 拉瓦爾的審判與最後辯護

「我所做的一切，都是為了法國不在廢墟中重生。」
—— 皮耶‧拉瓦爾（Pierre Laval），1945 年 10 月，法庭陳述

1945 年秋天，巴黎軍事法庭成為全法國關注的焦點。站在被告席上的，是前總理、維琪政府的實際操盤者 —— 皮耶‧拉瓦爾。他曾是法國共和體制中的明星人物、外交強人，亦是與納粹最緊密合作的高層。

拉瓦爾的審判不只是個人的命運審理，而是一場針對「合作體制正當性」的象徵性問責。他的辯護，是一場關於「國家保存 vs. 羞辱服從」的倫理爭辯，是一場在戰敗與記憶之間的歷史定位拉扯。

一、審判背景：象徵性清算與國族重建

拉瓦爾於 1945 年被美軍逮捕後，從奧地利被引渡回法國。審判於 1945 年 10 月 4 日展開，至 10 月 9 日結束，由「高等法院」（Haute Cour de justice）審理。

審判的本質為戰時合作者之追責行動，但更深一層，是針對以下三個問題的公開宣判：

◆ 維琪政權是否具正當性？

◆ 與納粹合作是否有任何可辯護的空間？
◆ 如何重建法國的道德與歷史正義？

二、檢方指控要點

指控類別	具體內容
協助侵略者	主動與納粹談判、引進其政策，破壞主權
犯下人道罪行	參與遞交猶太人、強迫勞工遣送、鎮壓抵抗運動
危害共和制度	扶持獨裁結構、參與解散議會、推行審查制度
利用國家資源	優惠特定利益團體，濫用職權、削弱民主監督

拉瓦爾雖無直接執行屠殺命令，卻因其身居權力高位、推動政策機制，被視為核心共犯。

三、拉瓦爾的辯護邏輯與語言結構

面對指控，拉瓦爾選擇不請律師、親自辯護，展開一場充滿修辭對比的「歷史自述型辯護」。其語言結構可歸納為三大核心策略：

轉向現實主義

他不否認與德國合作，而是強調「沒有我，法國會更慘」。

「我用雙手阻止納粹占領整個國家；我在保護民族。」

他以「最小災難論」為核心邏輯：不是選擇善，而是在壞與更壞之間選擇可忍受的壞。

承擔與疏離的交錯使用

他承認曾簽署政策命令，但又多次以「我個人無力改變整個系統」作為開脫。

「我不是元凶，而是擋在最前面、讓更糟之人無法得逞的那個人。」

他使用的策略是「我在體制中努力阻止更壞的事情發生」，企圖模糊主動與被動責任的界線。

情感訴求

他頻頻提及自己對法國的愛，並在最後陳述中落淚。

「我的錯不是叛國，是太愛這個國家、太怕它再被毀滅一次。」

這種語言嘗試將法理審判轉化為情感辯護，爭取同情與歷史緩解。

四、審判過程中的混亂與分裂

雖為公開審理，但整體審判程序爭議不小：

- 法庭環境情緒高漲，群眾壓力大；
- 拉瓦爾一度絕食抗議審判程序不公；
- 他最後兩天幾乎拒絕再發言，呈現「非合作式被告」姿態；
- 法院最終以「與敵合作、參與人道罪」為主軸宣判死刑。

他的辯護未能動搖政治與道德壓力下的審判方向。

第 11 章　審判與轉型正義

五、處決與象徵性死亡

◆ 1945 年 10 月 15 日清晨，拉瓦爾在弗雷森監獄遭槍決；

◆ 行刑前一日曾試圖服毒未遂；

◆ 處決現場未設公審公開，只由法警與軍人執行；

◆ 遺體匆匆下葬，未經家屬公開悼念；

◆ 雖無軍禮，但報紙以大標題寫下：「正義執行」。

拉瓦爾的死亡，被設定為一場國家洗刷恥辱的儀式，是一場「讓歷史能繼續往前走」的政治清算。

■ 一場歷史定位的審判

拉瓦爾的審判，是一次不只追究責任，更重於重建共同價值邊界的集體行動。他的辯護與其說為自己，不如說是在與一段法國曾容許的灰色妥協共生歷史對話。

他提醒我們：最危險的政治人物，不是邪惡的狂人，而是那些能說出合理語言、卻在沉默中遞交名單的人。

歷史需要記得的，不只是他的命運，更是他的語言邏輯。因為，當下一次危機到來時，我們會再聽見類似的說法 ——「為了國家，我們只能這麼做」。

第五部:崩解、審判與歷史記憶

11-2 奎斯林審判與叛國者的命名政治

「奎斯林不是一個人名,而是一段失控權力與背叛記憶的標籤。」

—— 挪威歷史評論人 哈康·斯泰納(Haakon Steiner)

1945 年 5 月,隨著德國無條件投降,納粹支持的挪威政權瞬間垮臺。作為德國扶植的「國家元首」,維德孔·奎斯林被抵抗軍逮捕並押往奧斯陸。數月後,一場象徵著國族重建與價值清算的審判正式展開。

奎斯林的名字,從此不再只是個人,而變成了一個普世語彙——「Quisling」,意指叛徒。 這種轉變揭示了:歷史記憶的建構,有時不靠文件與證據,而靠一個名字、一種情緒的凝縮。

一、奎斯林政權的終局背景

1940 年 4 月,德軍入侵挪威當日,奎斯林自行宣布成立新政府,主動請求德國承認與支持。隨後被任命為「國家首腦」,在納粹占領期間推行極右政策:

◆ 建立親德軍隊與青少年組織;

◆ 引進種族教育、限制新聞言論;

◆ 協助遞交猶太人名單,支持集中營政策。

雖然其實權有限,但奎斯林主動推動與納粹接軌的政策,讓其在戰後成為背叛國家的象徵人物。

二、審判過程與指控內容

奎斯林的審判由挪威最高法院特別庭審理,自 1945 年 8 月開庭,持續至 9 月中旬。檢方針對下列重點指控他:

指控項目	核心內容
高度叛國罪	協助外國軍隊攻擊本國、取代合法政府
協助戰爭罪行	配合納粹政權逮捕與迫害猶太人、反對者
剝奪人民自由	強制推行思想教育、審查、政治組織再編
違反人道法則	容許與支持德軍設立集中營並施以暴力

奎斯林在審判中堅稱自己為了保護挪威、阻止直接軍政占領而出面領導,但其論點難以撼動社會與法庭的憤怒情緒。

三、辯護策略與語言樣式

奎斯林的辯護高度集中於「合法性論述」與「歷史必然性」:

合法主體的宣稱

他堅持自己作為臨時救國領袖有其法理依據,並聲稱挪威政府已逃亡、遺棄人民。

> 「我未背叛,而是於國家無主時挺身承擔。」

但這種說法被法庭視為對憲政程序的藐視與反民主表徵。

新秩序信仰

奎斯林不否認與納粹合作,反而強調自己是「未來歐洲統一秩序的預言者」。

第五部：崩解、審判與歷史記憶

「我相信，我所做的事，未來會被理解為先見。」

這種高度自我神話式的語言，使他在輿論上更加邊緣，也強化其與現實脫節的形象。

四、處決與命名的象徵性

- 1945年10月24日，奎斯林於奧斯陸的阿克斯胡斯堡要塞被槍決；
- 執行前表現冷靜，無懺悔表態；
- 處決消息登上全國報紙頭版，形成一種象徵性除名儀式。

但比死亡更具記憶性的是：奎斯林之名被英語世界納入字典，成為「叛國者」的同義詞。

「Quisling」的命名政治意涵：

層次	含義
社會語言層	該詞成為新聞、政治演說中對「內部背叛者」的代稱
歷史記憶層	用語言將一個個體轉化為永久標籤，抹除其複雜性
道德警示層	成為「不得再有的榜樣」，建立對忠誠的語言防線

「奎斯林」的命名被視為將歷史道德化、語言工具化的一種強記憶政治行動。

五、從審判到文化遺緒：叛國者如何被社會消化？

奎斯林死後，其名字、故居、政黨與組織全數遭到清算與取締。但他留存的記憶卻反映出一種更深層的社會運作：

第 11 章　審判與轉型正義

◆ 在法律上：奎斯林受公平審判，符合程序正義；
◆ 在道德上：他被歷史定格為「絕不可被赦免的象徵」；
◆ 在語言上：其名字被抽象化、去個人化，成為政治禁語。

這樣的轉化過程也提出一個問題：當記憶被壓縮成單一名詞，我們是否失去了對歷史複雜性的理解能力？

■ 語言可以審判一個人，也可以審判一個時代

奎斯林之名的命運，展示了歷史記憶與政治語言的交織力量。他的審判雖具司法正當性，但其「命名的永恆懲罰」卻超越了法律本身，進入日常語言與價值結構中。

歷史最終不只是記得他做了什麼，而是將他變成「一個類型」，以警示後人不要再重蹈他的腳步。這種命名政治提醒我們：真正的懲罰，不一定來自子彈，而是來自一個被定義為錯誤的名字。

11-3 佛朗哥的「自然死亡」與歷史爭議

「有些獨裁者死於審判，有些死於沉默。佛朗哥選擇了後者。」

—— 西班牙轉型正義學者
馬里奧・馬丁內斯（Mario Martínez）

第五部:崩解、審判與歷史記憶

1975年11月20日,法蘭西斯科・佛朗哥(Francisco Franco)在馬德里一間軍醫院內因病去世。沒有戰爭審判、沒有革命推翻、沒有逃亡行動。他的死亡,是一場精心設計的「制度性自然終結」:在權力機制仍然完整的狀態下,主政者「合法地」離世。

然而,正因如此,他的死亡留下了深層的歷史空白與記憶爭議。這場「沒有審判的結束」,形塑了西班牙特有的轉型正義困境:一段壓迫歷史無人負責,一場國族記憶無法統一。

一、「自然死亡」與體制的未清算結局

佛朗哥統治自1939年開始,直到1975年死亡,總計36年。期間推行極權政策:

◆ 打壓反對派、言論審查、政治迫害;
◆ 建立無選舉、無政黨、以軍警與教會為主軸的統治系統;
◆ 殺害數萬名共和派、將異議人士長期囚禁或流放。

然而他死時:

◆ 沒有任何人因其政府行為而即刻遭審判;
◆ 其制定的法律尚未廢除;
◆ 軍方、警察與教會仍掌控行政權。

這導致體制結束了,責任卻仍存在;暴力停止了,正義卻未到來。

二、死亡的儀式與象徵操作

佛朗哥的喪禮呈現高度政治控制與象徵演出:

元素	操作內容	象徵意涵
國葬儀式	軍隊護棺、政府主辦、天主教會主持	國家仍以「英雄」姿態對待其死亡
安葬地點	紀念碑「勝利之谷」(Valle de los Caídos)	與內戰陣亡者並列,模糊加害身分
國內媒體敘事	使用「統一者」、「重建者」等語言	掩蓋極權與迫害歷史

這場死亡非但沒有釋放社會創傷,反而進一步凍結了歷史責任的處理。

三、「轉型但不正義」的過渡模型

佛朗哥去世後,由王儲胡安·卡洛斯接任,推動民主化進程(1977年選舉、1978年憲法)。但此轉型以一項核心交換為基礎:

民主交換條件:不追究過去。

這項安排形成被稱為「西班牙式遺忘協議」(Pacto del Olvido),其特徵包括:

◆ 不清算過往政治犯、軍警暴行;
◆ 不審查法官、媒體或企業的獨裁時期共犯角色;

- 政治人物在過渡期間避免提及歷史爭議以維穩。

結果是:政治體制改變了,但記憶與正義體系被延後處理。

四、後世爭議:墓地之爭與記憶的政治化

佛朗哥死後安葬於「勝利之谷」,該地本為內戰陣亡者紀念處,後因其象徵性成為記憶衝突焦點:

- 左翼團體長期呼籲將佛朗哥遺骸移出,終於在 2019 年由西班牙政府下令遷葬;
- 保守派視之為「撕裂歷史」、左翼「報復政治」;
- 家屬與舊體制支持者仍定期至墓地舉行紀念,與現代記憶法產生衝突。

這場「歷史遺骸的處理爭議」,成為記憶政治的高度可見象徵事件,折射出整個社會對過往暴政如何詮釋的持續矛盾。

五、佛朗哥死亡與其他領袖命運的對照

領導者	結局類型	是否受審	是否清算體制	歷史記憶形式
拉瓦爾	公開審判處決	√	√	叛國、警示
奎斯林	法院定罪處決	√	√	叛徒代名詞
佛朗哥	體制內自然死亡	×	×	模糊、爭議、分裂

第 11 章　審判與轉型正義

佛朗哥不是未被審判,而是避過了審判的條件與時機,使得歷史責任在表面穩定之下逐漸累積,成為西班牙社會無法結痂的隱性傷口。

■ 死亡不是結束,而是責任開始的遺留

佛朗哥的死亡,讓西班牙從獨裁走向民主,卻同時遺下正義空缺與記憶撕裂。歷史沒有通過法庭審判他,只能靠後世政治不斷補課。每一次墓地遷移、紀念碑爭議、課本敘事的調整,都是社會試圖面對「未完成的正義」。

這提醒我們:歷史的結束不等於歷史的處理。獨裁者的死,若無責任說明,將成為下一輪權力模糊與價值錯置的起點。

11-4 記憶與正義的拉扯:歷史清算與遺忘

「歷史不會自動正義化,它需要被人們選擇、討論、公開、痛苦地記住。」

── 法國社會記憶學者　保羅・里科(Paul Ricoeur)

歷史不是僅靠審判與判決完成的,而是在記憶被如何保存、如何再敘、如何教學中不斷重組。當一個極權體制終結,社會必須面對的,不只是加害者的責任,還有如何處理那段歷史的方式。這就是記憶與正義之間永遠無法簡化的拉扯。

第五部:崩解、審判與歷史記憶

拉瓦爾、奎斯林與佛朗哥三人結局的差異,正好提供我們一個視角:清算與遺忘之間的距離,不只是法律選項,更是文化選擇與政治態度的反映。

一、清算與穩定之間的交換條件

歷史上許多轉型期國家選擇以穩定換取遺忘,尤其在內戰、占領或外部政權干預的情境下:

- 法國選擇透過公開審判拉瓦爾等人,建立了共和價值的重啟;
- 挪威快速清算奎斯林體制,使「叛國」清楚標示在語言與法律中;
- 西班牙則因社會分裂與冷戰格局,選擇凍結過去、進行「有選擇的遺忘」。

這些不同選擇的結果,直接影響後世:

國家	清算強度	穩定程度	記憶共識形成情況
法國	高	中	相對穩定
挪威	高	高	明確定義
西班牙	低	高	高度分裂

換句話說,不清算未必代表問題消失,只是將衝突延期。

二、正義追求的層次與延遲

正義不是單一時間點的審判,它包含三個層次,且往往延後發生:

第 11 章 審判與轉型正義

正義層次	形式	發生時機
司法正義	法庭、審判、量刑	政權更替之初
象徵正義	墓地遷移、雕像拆除、追悼	社會情緒沉澱後
教育與記憶正義	課綱修正、紀錄片、展覽	世代更替與民主深化之後

佛朗哥死亡時未受審判，司法正義中斷，但 21 世紀以後，西班牙開始進行墓地遷移、《歷史記憶法》通過、民間歷史展覽復興，正是補上象徵與教育正義的遲來行動。

三、遺忘作為壓力調節機制

歷史遺忘不是無意為之，它常是社會為了暫時避免衝突的選擇：

◆ 民主過渡初期的脆弱；

◆ 國族認同尚未統一；

◆ 舊體制仍掌握軍警與媒體；

◆ 社會對報復與揭傷口的恐懼。

這些因素讓政治領導者選擇「避免問責」，用寧靜換民主。然而這種暫時性遺忘若未搭配後續的敘事工程，將會形成歷史沉默的結構性傷害。

四、記憶政治的三種策略與其後果

不同社會面對極權過往時,通常出現以下三種策略:

策略類型	操作方式	後果
審判型	強調司法責任與法律追訴	建立清楚標準,但可能激化分裂
和解型	公開事實調查、建立記憶場域	促進轉型共識,但難以完全公平
遺忘型	凍結過往議題、不提不問	維持表面穩定,卻遺留深層矛盾

西班牙的歷史進程說明:當記憶缺席,極權陰影仍可在語言、制度與文化中存活,甚至以新面貌再度浮現。

五、記憶作為教育資源,而非仇恨延續

要走出清算與遺忘的二元對立,社會需發展出一種歷史教育導向的記憶使用模式:

◆ 用受難者故事進行同理訓練,而非製造敵人;
◆ 強調行為類型與結構辨識,而非僅攻擊人物;
◆ 建立記憶場域(博物館、紀念碑、文學),供社會多聲辯論;
◆ 讓下一代理解歷史不是懲罰過去,而是防止未來重演。

這樣的記憶教育策略,將歷史轉為一種公民倫理工具,而非政治報復機制。

第 11 章　審判與轉型正義

▌不遺忘,才能真正和解

歷史記憶不會自動形成共識,它必須在時間的推移中反覆被提起、被辯論、被凝視。清算不一定代表仇恨,遺忘也不總是和平的代價。

拉瓦爾與奎斯林的審判,讓正義有了形式;佛朗哥的死亡,讓記憶變成延後處理的課題。而我們學會的不是要不要清算,而是:該如何在面對過去時,既保護民主,又不背叛歷史。

這場拉扯永遠不會結束,但我們能決定,要讓它沉默,還是讓它成為一種對未來更好的準備。

審判、死亡與記憶的政治秩序

極權體制的結束不意味著歷史自動被修正。拉瓦爾與奎斯林的審判構成了正義展現的舞臺,而佛朗哥的自然死亡則展現了轉型正義的空缺與延遲。

本章透過三位法西斯領袖的命運,指出:正義的形式與記憶的處理將決定社會如何記得過去、如何教育未來、如何定義忠誠與背叛、責任與遺忘。

第五部:崩解、審判與歷史記憶

三位領袖結局對照圖

領袖人物	崩潰方式	是否受審	結局	歷史記憶敘事
拉瓦爾	外逃後被捕	√	處決(1945)	現實主義失格者,警示政治妥協的代價
奎斯林	政權瓦解被捕	√	處決(1945)	「叛國」代名詞,語言懲罰的象徵
佛朗哥	體制內終老	×	自然死亡(1975)	未審判的獨裁,爭議記憶與分裂象徵

記憶政治模型表:三種應對類型與影響

策略類型	實施方式	社會後果	教育與文化影響
審判型	公開審理、定罪處決	提高責任意識,可能激化情緒	記憶具清晰邊界,可納入教材
遺忘型	凍結責任、不追究	維持穩定但歷史模糊,衝突延後	教科書避談,群體敘事分裂
和解型	公開紀實、象徵清算、記憶立法	緩慢形成共識,需時間深化	鼓勵多元詮釋與共學對話

第 12 章
法西斯的遺緒與當代警示

　　歷史不會以清晰的段落劃下句點，它經常以模糊、殘影與殘餘形式回返當下。佛朗哥、拉瓦爾與奎斯林或已成為歷史教科書中的人物，但他們所代表的法西斯主義及極權統治的邏輯，並未隨著他們的死亡與政權瓦解而終結。相反，它們以更隱蔽、更彈性、更具群眾魅力的方式潛伏於當代社會之中。第 12 章正是要揭示：法西斯並未死去，它只是學會了穿上不同的外衣。

　　在今日的全球政治環境中，社會再次面對高度類似於戰間期的結構性危機：貧富不均、資訊失控、族群衝突、移民焦慮、民主疲乏。這些因素為強人政治、民粹主義與排他性民族主義創造了新的土壤。從歐洲到美洲，從亞洲到非洲，彷彿每個民主制度都在面對來自極端立場的挑戰。歷史並非重演，但極權邏輯的「韻腳」仍在押著相似的節奏——將秩序凌駕於自由之上，將服從包裝成團結，將敵人想像成內部敗類，將統治者神化為「唯一的解方」。

　　佛朗哥所代表的「軍人—國族—教會」鐵三角模式，在當代某些國家重新浮現。軍人以「整頓政治」之名接管政權，教會成

第五部：崩解、審判與歷史記憶

為道德資源的供應者，國族主義成為排除異己的語言機器。拉瓦爾所展現的「務實合作者邏輯」——以國家利益為名與壓迫者交易——也在某些民主政體中成為主流政治操作的藉口。而奎斯林的「自願附庸」型態，則在某些文化或政治菁英中轉化為「主權交換論」：為了安全、經濟或文化純淨，而放棄部分主體性，換取外部力量的庇蔭。

這些變形的法西斯遺緒，常出現於以下形式：

◆ 去制度化的強人政治：個人凌駕政黨、法律與機關，透過媒體操縱、情感動員與危機敘事來獲取合法性；

◆ 資訊戰與反事實文化：真假難辨的資訊流竄，使公民無法判斷、疲於分辨，最終放棄思考與質疑；

◆ 極端民族主義的復辟：將國族定義限縮為單一文化、血統與歷史記憶，排除移民、少數族群與多元價值；

◆ 恐懼政治的泛化：製造「敵人」以掩蓋內部失能，把社會矛盾簡化為「外部滲透」或「內部背叛」。

與二十世紀不同的是，當代的法西斯不再需要穿制服、高喊口號或建立黨衛軍，它可以躲在社群媒體帳號後面，以「新保守主義」、「反菁英」、「愛國者」之名進行文化入侵與制度腐蝕。它不再強調武力奪權，而是透過選舉合法進入體制，再用體制拆解體制；它不再聲稱反民主，而是假借民主之名限制民主本質。

這種變形的法西斯主義與極權文化，最可怕之處不在於它

第 12 章　法西斯的遺緒與當代警示

明目張膽,而在於它與「常態」無縫接軌,使人誤以為這只是「另一種意見」、「另一種治理風格」。正因如此,當代社會若缺乏歷史記憶與制度韌性,極容易在面對危機時重蹈戰間期的覆轍——將個人自由視為奢侈,將民主程序視為負擔,將多元社會視為威脅。

回望佛朗哥、拉瓦爾與奎斯林的歷史,我們應當理解:極權的興起從來不只是因為一個壞人或一群暴力分子,而是整個社會在面對不安時,選擇了服從而非質疑、選擇了簡單答案而非複雜討論、選擇了秩序幻覺而非自由真相。

真正的歷史教訓,不是提醒我們小心某個名字,而是提醒我們警惕某種氛圍:當民眾開始懷疑言論自由的必要、當媒體開始自我審查、當異議開始被標記為背叛、當民主開始讓人感到「沒效率」,極權的鐘聲就已經響起。

因此,轉型正義不只是追究過去,而是守護未來。教育不是填鴨記憶,而是建立歷史判斷力;制度不是程序細節,而是防止再犯的結構;公民社會不是對政府的「吵鬧」,而是自由社會的預警器。沒有哪個社會天生免疫法西斯主義,民主需要的不只是選舉,更需要記憶、對話與堅持。

佛朗哥、拉瓦爾與奎斯林的故事已經結束,但他們所象徵的那種誘惑、怯懦與背叛,仍可能再次上演。歷史不是為了譴責過去,而是為了照亮當下與提醒未來。每一代人,都必須重新回答那個古老的問題:當暴力與服從之間只差一步,你會站在哪一邊?

第五部：崩解、審判與歷史記憶

12-1 法西斯再現的條件與形式

「法西斯主義不會像1930年代那樣回來——它會穿西裝、握手機，用自由的語言說出反自由的話。」

—— 現代極端主義研究者 馬克‧布雷（Mark Bray）

第二次世界大戰結束後，「法西斯」成為歷史的禁忌詞彙，被社會普遍視為極端暴政的代名詞。然而，在21世紀的民主社會中，我們卻目睹了一系列現象：民粹政治崛起、反移民情緒蔓延、極端領袖獲得選舉勝利、傳媒與資訊操控日益擴張。

這些現象雖未冠以「法西斯」之名，卻展現出與其高度重疊的邏輯與技術。本節即從歷史的陰影中，提煉出法西斯再現的條件與形式，幫助我們辨識當代威權與排他政治如何在合法框架下侵蝕民主根基。

一、再現條件一：群體恐懼與身分焦慮

每一次法西斯崛起的起點，都是在社會經濟與文化結構遭遇劇烈動盪時，群體對未來失去掌控感：

- 移民潮與文化多元引發「主體身分被侵蝕」的焦慮；
- 就業與生活不穩導致「經濟被他人奪走」的想像；
- 數位資訊碎裂，削弱共同事實與認知框架；
- 菁英政治與技術官僚被汙名化，轉而相信「直接代言人」。

這種狀態下，人民不再追求理性制度，而轉向情感上的確定性與敵我分明的敘事框架。

二、再現條件二：民主失靈與政黨瓦解

法西斯並非出現在制度之外，而是當民主機制無法提供有效回應與治理時，自內部開始崩解：

民主失靈表現	對應影響
政黨空洞化	人民無法透過正常途徑表達不滿
司法信任下降	法治被視為延誤、無能或雙標
媒體碎裂	假訊息充斥，群體無法對事實達成共識
輿論極化	缺乏中間地帶，輕易進入敵我動員邏輯

這些民主結構的弱點，使「強人、簡單答案、排他式話語」變成吸引人選項。

三、再現形式一：語言的變形與正常化

當代法西斯傾向不使用過去的極端口號，而是以中性或扭曲的語言重新包裝其核心意識形態：

傳統法西斯用語	當代表述形式	實質意涵
「清除敵人」	「保護國家安全」	指涉特定族群、移民、異議者
「領袖崇拜」	「非典型領導力」	拒絕制度制衡、強調人格魅力

傳統法西斯用語	當代表述形式	實質意涵
「種族純粹」	「文化同質性／本土優先」	掩蓋排外、反多元
「群眾動員」	「直接民主／網路公投」	側繞制度設計,以民意作為壓迫工具

這種語言的正常化,使極端思維不再被感知為極端,而是常識的一部分。

四、再現形式二:媒體操控與資訊戰

資訊空間的崩潰是當代極權再現的最佳溫床:

- 操作社群媒體演算法,推播仇恨與情緒言論;
- 製造「替代事實」:讓真相與謊言難以分辨;
- 控制媒體集團或養成媒體打手,封鎖反對聲音;
- 將批評者標示為「國家敵人」、「外國勢力代理人」。

在資訊超載的時代,控制「認知入口」比控制權力本身更有效。

五、再現形式三:制度內化與「民主反民主」

與過往以政變奪權不同,當代法西斯傾向「合法進場,非法固權」:

- 經由選舉勝出,進入政府體制;
- 操作修憲、擴張緊急狀態條款、安插忠誠人馬;

第 12 章　法西斯的遺緒與當代警示

- 限縮司法獨立與立法監督權；
- 廢止政黨補助、限制公民團體活動；
- 操作危機（疫情、移民、戰爭）來合理化權力集中。

這種模式被稱為「選舉獨裁」或「民主反民主現象」：在看似合法程序下，逐步掏空民主核心。

六、警示圖像：當代法西斯再現監測指標

以下為當代可觀察的法西斯再現風險模型（簡表）：

層面	高風險指標
語言	頻繁使用「我們 vs. 他們」、去人化詞彙
媒體	媒體集中化、新聞造假頻傳、異議被標籤化
政策	系統性排外、緊急狀態常態化、異議者刑罰加重
領導風格	領袖個人即國家象徵、拒絕被批評與制衡
民意動員	情緒優先於理性、群體動員常帶羞辱性標語

當以上現象出現兩項以上且持續擴大，需警覺民主結構遭侵蝕的可能性。

■ 它不是回來，而是從未離開

法西斯主義不是一套古董思想，而是一種危機中湧現的政治邏輯與行動技術。它會變形、包裝、合法化，潛伏於我們日常的媒體、選舉與公共語言中。

辨識法西斯再現，不是為了標籤他人，而是為了保護民主

機制與多元社會的倫理底線。因為,每一次的沉默與容忍,都是下一次獨裁的起點。

12-2 語言的墮落與仇恨的日常化

「極權從來不是從暴力開始,而是從語言失控開始的。」
—— 喬治・史坦納(George Steiner)

現代社會中的仇恨與極端主義,不再總是以軍服與武器為表徵,而是透過語言的變形、重複與日常化,悄然進入生活,讓仇恨不再顯得極端、讓暴力成為「可以理解的反應」。

這正是語言墮落的過程 —— 原本應促進理解、維護公共空間的語言,反而成為壓迫與劃界的工具。

一、語言墮落的三種形式

墮落類型	表現樣態	實質後果
去人化語言	把人稱為「蟑螂」、「病菌」、「寄生者」	將暴力合理化、降低同理門檻
掩飾性語言	把鎮壓稱為「安定秩序」、把遣送稱為「重新安置」	淡化行動真相,使暴力失語
仿中立語言	表面平衡的敘述掩蓋不對等:如「雙方都有責任」	抹平權力差距,模糊正義邊界

這些語言常以媒體、社群、政見發言的形式出現,讓仇恨變得「合理」、「合法」、「可以開玩笑」。

二、語言如何讓仇恨變得「可說」

語言並不只是反映思想,更形塑現實邊界。當特定言論獲得擴散與允許,會產生如下社會機制:

(一) 正常化

原本被認為不可接受的詞語,在反覆使用與媒體渲染中,逐漸成為日常詞彙。

例:「假新聞媒體」、「移民犯罪集團」、「背叛者政客」等詞被用來標籤合法異議。

(二) 迷因化 (Meme 化)

將嚴肅攻擊性語言幽默包裝,轉化為網路梗圖或玩笑,使其更容易擴散且難以追究。

(三) 模糊責任

使用「有人說」、「據傳」、「人民這麼想」等間接語式,讓仇恨言論變成「不是我說的,只是傳遞」。

這三種語言策略讓極端言論進入日常,同時逃避法律與道德審視。

三、媒體與平臺：仇恨語言的放大器

現代資訊生產以速度為本、注意力為王，使得「有爭議的語言」比「理性辯論」更受關注：

- 社群演算法偏好情緒強烈、具對抗性的內容；
- 片段化語言（短影音、截圖、斷句）讓言論脫離脈絡；
- 言論自由被當作「發洩自由」，仇恨語言難以有效處理；
- 頻道或自媒體透過製造敵意鞏固受眾，建立「回音室效應」。

結果是：語言不再用來理解世界，而是用來鞏固同溫層與製造仇恨感。

四、語言如何啟動暴力

語言不是暴力的替代，而是暴力的準備階段：

語言階段	實際效果
命名	指定敵人身分，如「恐怖分子」、「內奸」、「假新聞」
降格	去人化與群體化，如「這些人不屬於我們」
啟動	暗示應對方式：「要用行動讓他們閉嘴」

歷史無數次證明：每一次屠殺、清洗、政治迫害之前，都有語言做開場白。

五、抵抗語言墮落的公共倫理

語言是我們最後的防線。我們需要建立一種抵抗語言墮落的倫理生態：

- 辨識關鍵字與代稱：教導大眾辨認假中立、去人化、暗示性話語；
- 復原詞彙空間：重建公共語言的多元性，避免單一敘事霸權；
- 轉化嘲諷為敘事：以紀錄片、文學、劇場重建語言的同理敘事；
- 強化公民語言教育：從校園起培養辨識仇恨語言與造謠模式的能力；
- 社群平臺責任化：要求演算法透明、回報仇恨言論機制落實。

六、語言是一種治理，也是一場戰場

法西斯不是先殺人，而是先殺語言。當語言不再承載事實、情感與尊嚴，而變成羞辱、操弄與分裂的工具時，社會就開始在無聲中墜落。

我們必須持續警覺：當一句話可以被說出並被接受，那麼下一步就可能是行動。

仇恨不是突然發生的，它從一句玩笑開始，從一個詞開始，從我們沒有即時質疑的那一刻開始。

第五部：崩解、審判與歷史記憶

12-3 數位空間與新極權的資訊操控

「現代極權主義不是讓你閉嘴，而是讓你什麼都聽到，卻再也不知道該相信什麼。」

—— 俄羅斯資訊戰研究者
彼得・波馬蘭采夫（Peter Pomerantsev）

進入 21 世紀後，極權主義的面貌早已轉變。它不再總是以鎮壓與審查為主軸，而是透過數位技術構建一個混亂、過載與虛假的資訊生態系，讓真相淹沒於海量訊息中，使公民失去判斷與行動的能力。

這是資訊操控時代的特徵：不是消滅資訊，而是操縱資訊；不是禁止聲音，而是讓所有聲音互相抵銷，形成「認知疲乏」。

一、新極權如何利用數位空間？

新極權體制並不反對網路，它擁抱網路、操控網路，並透過以下三種方式掌控敘事：

操作方式	機制說明
資訊過載	釋放大量真假參雜的資訊，讓用戶失去判斷力
認知分化	精準投放分裂性內容，加劇社會對立與信任崩解
平臺馴化	操控演算法排序、審查反對內容、推廣親政權訊息

這種策略已廣泛運用於俄羅斯、中國、匈牙利、印度、甚至部分西方民主國家的邊緣政治勢力。

二、資訊操控的四層策略

層級	操作內容	效果
原始建構	發展國家主導媒體與網軍帳號	統一敘事、製造初級資訊流
社群操縱	利用機器人、網軍放大特定主題與假新聞	引導熱門話題與討論焦點
認知擾亂	散播陰謀論、打擊專家與媒體公信力	讓人相信「沒有人可信」
平臺合作	操控內容審查規則、與平臺簽訂合約	限縮異議者曝光空間

這些策略使極權主義不再顯得粗暴，而是以精緻演算法與合法外衣運作於每一位用戶的手機與眼前。

三、演算法極權：不見血的控制

現代平臺的演算法優先傳遞什麼，等於決定了社會關心什麼。這種「注意力經濟」一旦與政治目的結合，便成為最有效率的社會控制技術。

◆ 傾向極端、情緒化的內容將獲得更高觸及；

◆ 中立與理性內容遭邊緣化；

◆ 用戶被困於回音室，強化原有立場，失去跨界對話機會；

◆ 用戶資訊流量身打造，無法接觸多元觀點。

這不是封鎖，而是「篩選性的自由」。你只能看到平臺讓你看到的。

四、「虛假多元」與替代現實的構築

新極權並非完全壓制事實,而是建構出與事實平行的「替代現實」:

- 將科學事實與陰謀論並列;
- 將少數極端意見與主流專業等重處理;
- 創造大量「類新聞媒體」,包裝官方敘事;
- 利用 KOL、意見領袖自然化政權觀點。

這讓真實失去稀缺性,群體選擇「自己相信的真相」,社會進入資訊部落化與後真相時代。

五、資訊操控下的「反民主民主」

資訊戰不只是對內統治工具,更常用於對外滲透與操縱選舉:

- 利用社群平臺干預外國選舉(如美國 2016 年大選);
- 建構假帳號干擾抗議運動、誤導言論方向;
- 支援他國極端政黨或候選人,破壞民主一致性;
- 以「資訊主權」為由攻擊新聞自由與跨國媒體。

這使得極權主義具備跨境散播能力,且常藉民主機制破壞民主自身。

六、數位防線:民主如何回應?

面對資訊操控,民主社會不能只是高喊自由言論,還需要有結構性防禦與倫理設計:

第 12 章　法西斯的遺緒與當代警示

對應策略	具體作法
平臺治理	法律規範演算法透明性、阻斷假帳號與造謠組織
公共媒體投資	強化非營利、公正平臺，避免資訊完全商業化
媒體素養教育	教導用戶辨識假消息、建立多元資訊來源能力
監督機構獨立化	建立超黨派資訊審查與言論監控機構

重點不是控制言論，而是確保資訊生態的健康與透明度，讓公民有能力面對資訊自由下的風險。

■ 自由的敵人，常以自由的名義出現

新極權並非消滅自由，而是利用自由媒介摧毀自由判斷力。它讓人誤信自己是自由的，實則被演算法與仇恨語言馴化。

資訊時代的戰爭不是以槍砲為武器，而是以轉貼、按讚、演算法與沉默為手段。若我們不警覺，每一次的滑手機，都是一場未察覺的馴服。

12-4 制度韌性的防線與社會免疫

「民主不會在一夜間崩潰，它在每天的沉默與讓步中慢性衰敗。」

—— 政治學者　史蒂芬・列維茲基（Steven Levitsky）

第五部：崩解、審判與歷史記憶

在面對當代「新極權」的滲透與變形，民主社會若僅依賴選舉、憲法或言論自由條文，已不足以抵禦持續性的侵蝕。我們需要一種更深層的防線：制度的韌性與社會的免疫系統。

韌性不是指堅硬不破，而是指一個制度在遭遇衝擊時，是否具備自我調節、辨識危機、快速回應與逐步修復的能力。而免疫則指社會整體是否具備集體警覺與道德判斷力，能主動辨識極端與仇恨語言的侵入。

一、制度韌性的三層防線

層級	防線設計要素	功能說明
法治防線	憲政保障、獨立司法、程序正義	抵擋濫權、違法修憲與國家機器私有化
制衡防線	監察機構、反對黨、媒體調查	提供權力競爭與揭露失衡行為的機制
運作防線	官僚中立性、資訊透明、危機應變力	確保政務穩定、防止政策被任意操弄或情緒驅動

制度若無這三層防線，即使民主表面完整，也可能在危機來臨時迅速失守。

二、社會免疫力的四項關鍵能力

制度再強，若社會本身無免疫力，也難以持久。以下是民主社會能否抵禦極權思維的四項關鍵集體能力：

第 12 章　法西斯的遺緒與當代警示

能力類型	具體表現
媒體素養力	公民具辨識假新聞、操弄語言、演算法影響力的能力
歷史記憶力	了解過去暴政如何發生，避免重複慣性
公共理性力	願意聽取不同觀點，維持對事實與倫理的最低共識
行動回應力	在發現不公正時願意發聲、組織、行動，不陷入冷漠

免疫力強的社會，不是因為沒有仇恨聲音，而是因為仇恨難以獲得廣泛響應。

三、防線失效的警訊與典型場景

以下為制度韌性與社會免疫失效時，常見的五種表徵：

警訊現象	說明
選舉仍舉行，但反對派無法公平競爭	程序被利用，但結果已被預設
媒體自由形式上存在，實則被控管	壟斷話語、封殺異議或自我審查成常態
公民參與頻繁，卻淪為操作工具	假公民活動掩蓋真動員、輿論被「大數據」決定
法律仍在，卻不再保護少數與異見者	人權變成口號、無法實際制衡濫權
危機頻繁被政治操作為常態治理方式	每次危機都成為限制自由、推行緊急政策的藉口

這些警訊出現時，即便尚未完全極權化，民主已逐漸喪失自我修復的機會。

四、反韌性：極權體制如何掏空制度

現代極權不再是外來破壞者，而是從內部慢慢「掏空制度」：

◆ 法院制度失能：利用人事任命操控判決；
◆ 選舉制度失靈：透過選區劃分、資訊戰影響選民認知；
◆ 憲法變形：不廢憲，而是不斷修憲鞏固領袖權限；
◆ 國會成裝飾：形同橡皮圖章，喪失實質監督功能；
◆ 民主儀式過度化：用表面民主來遮蓋實質獨裁。

這種「反韌性操作」讓社會誤以為民主仍在，但實質已變空殼。

五、建立防禦的具體建議與制度創新

民主若要維持抵抗力，需從以下六項策略建立跨層級的制度韌性：

防禦項目	推行方式與目標
憲法保護條款	增設「民主防衛條款」限制任意修憲
獨立公設平臺	強化公共媒體不中立言論、創設民主教育內容
公民教育常態化	將媒體識讀、歷史記憶、審議式民主納入學校與成人課程
多語言政策透明	政策應以簡明語言公開，降低資訊不對等
司法即時防禦力	建立「快速回應單位」監測違憲趨勢並向社會示警
民間監督機制	支援獨立智庫與 NGO 追蹤權力濫用與仇恨語言擴散情況

第 12 章　法西斯的遺緒與當代警示

這些措施不只是保護民主本身，更是讓民主成為能對抗災變與極端的持久制度。

■ 韌性，不是民主的附屬品，而是其生存條件

法西斯之所以能再現，不是因為它比民主強，而是因為民主過於脆弱、無法自癒、容易被操弄。我們需要將民主視為一種「需被照料與升級的制度生命體」。

在歷史陰影下成長的國家，若能同時強化制度防線與培養社會免疫，就能不只是避免災難重演，更能成為面對極端挑戰時的道德楷模與治理範式。

當代法西斯的再現與民主的防線

法西斯主義從未真正消失，而是在語言、數位科技與民主制度自身的裂縫中不斷變形、再現。本章揭示：仇恨與控制已不再以暴力與政變為主體，而是透過資訊操控、語言墮落與合法手段逐步侵蝕民主。

但危機也是重建的契機。唯有建立制度韌性與社會免疫，民主才能不只是形式存在，而是有實質抵抗力的公共治理方式。

第五部:崩解、審判與歷史記憶

韌性社會

制度韌性 (外部防線)	・法治:憲法與司法獨立 ・制衡:媒體、議會與公民團體力量平衡 ・行政中立與資訊透明
社會免疫 (內部免疫)	・媒體素養與數位識讀 ・歷史記憶與價值辨識力 ・公共理性與對話能力 ・自發行動與社會回應力

韌性社會＝外部有制度盾牌,內部有公民抗體。

民主防線對照表

層級	核心機制	潛在風險徵兆	建議對策
法律層	憲政體制、司法獨立	領袖違憲修法、法官遭清洗	建立民主防衛條款與外部監督
政治層	多黨競爭、反對黨制衡	國會橡皮圖章、反對派遭汙名或逮捕	選制改革與政黨平權法
媒體層	新聞自由、平臺規範	媒體壟斷、假新聞泛濫、網軍干預	平臺透明法與新聞倫理重建
社會層	教育、記憶、行動	歷史失憶、仇恨正常化、公民冷感	強化公民教育與記憶場域設計

若社會中出現以下現象,代表民主韌性正面臨壓力:

◆ 領袖公開貶抑司法、媒體、反對黨為「敵人」
◆ 政府經常利用「緊急狀態」來通過重大法案

第 12 章　法西斯的遺緒與當代警示

- 國家語言出現大量「他者汙名化」與「民族純粹」語彙
- 媒體報導傾斜，反對聲音難以上主流平臺
- 社群平臺假帳號橫行、輿論操作痕跡明顯
- 歷史課程去政治化或掩蓋壓迫事件
- 公民社會資源遭壓縮，倡議者被指為「擾亂安定」

第五部：崩解、審判與歷史記憶

尾聲
歷史不會寬恕沉默者

當本書走到最後一章，我們回顧了三位極權時代的政治人物——佛朗哥、拉瓦爾與奎斯林——他們的崛起、統治、崩解與審判。他們來自不同的文化背景與國家處境，卻共享一種政治邏輯：當民主體制陷入動盪、當社會焦慮蔓延、當民眾渴望秩序與答案，他們便應運而生。他們用國族的語言訴求團結、用秩序的名義掩蓋暴力、用現實主義包裝背叛，最終將整個國家的命運綁進極權體制的齒輪之中。

我們在書中看見的是極權的多種面貌：佛朗哥以軍人之名建構威權長城，在宗教與反共話語中穩固統治；拉瓦爾則以技術官僚之姿將政治變成權力的交易所，在「保存國家」的名義下犧牲正義與人性；奎斯林則是極端主動的附庸者，將自身國家的主權獻給侵略者，只為圓滿自己成為「北歐領袖」的政治幻夢。這三人從不同方向走入法西斯的深淵，他們不是偶然的個體，而是歷史條件下，社會選擇與制度脆弱交織的產物。

極權政治從來不是少數人的瘋狂，它之所以能生根，是因為有太多人的沉默、太多制度的妥協、太多媒體與知識分子的旁觀。當我們回顧佛朗哥的長期統治，就不得不正視西方世界

尾聲　歷史不會寬恕沉默者

對於「反共盟友」的選擇性縱容；當我們重讀拉瓦爾的審判記錄，也不得不質疑法國社會對於「誰是真正的合作者」的集體模糊；而奎斯林的故事，則是對那些願意出賣一切換取個人權位的赤裸告白。

然而，真正值得我們銘記的，不是強人本身，而是他們所留下的遺緒——那些在政權垮臺後依然殘存的文化、語言與制度結構。在西班牙，佛朗哥去世後雖完成民主轉型，但「遺忘協議」導致許多受害者家屬無法獲得真相與平反，直至今日仍有墓穴未開、正義未及；在法國，維琪時代的歷史處理長期陷入道德與政治的拉鋸，一度被掩蓋為「德國責任」，直到二十世紀末才逐步面對國家共犯的真相；在挪威，雖然奎斯林被迅速審判，但整體社會對於「曾經服從過政權」的內部矛盾，仍透過文化作品與歷史論戰進行著漫長的反思。

這些案例都在提醒我們：真正的極權遺緒不在政權，而在人心；不在制度，而在記憶。

當代社會的最大危機，往往不來自某一個公開的強人，而是來自群體的遺忘與冷漠。當人們對歷史失去敏感度、對政治失去參與意願、對多元價值失去耐心，極權就會再次以「理性」、「效率」、「民族大義」之名捲土重來。它不再需要刺刀與鐵血，只需利用疲憊與麻木；它不再需要掌控報紙與廣播，只要借助演算法與推播機制。

寫作這本書，是一場穿越歷史廢墟的記憶重建，也是對當代民主制度的一次深度辯護。我們不僅要理解佛朗哥、拉瓦爾與奎斯林是如何崛起，更要問：是什麼讓他們能夠如此長久地存在？我們不僅要記住那些受害者的名字，也要記住那些曾選擇服從、旁觀甚至協助的群體。只有這樣，我們才能真正完成歷史的責任，而不只是重複歷史的故事。

　　本書無意成為懲罰的工具，而是希望成為一面鏡子。讓我們在閱讀他們三人的時候，也能反觀我們自身的政治態度、公民素養與倫理選擇。因為每一次歷史的崩壞，其實都是從日常中的放棄開始──放棄質疑、放棄參與、放棄對真相的渴望。

　　願我們記得，他們的面孔，曾經是真實世界的一部分；也願我們警惕，那樣的面孔，永遠不該再次重現。

尾聲　歷史不會寬恕沉默者

譯後記
臺灣處境下的制度韌性與極權防線：
歷史鏡像中思辨

我們與極權之間的距離

　　本書所揭示的法西斯演變歷程與結構性技術，不僅屬於過去的戰時記憶，更為現代民主社會提供了警訊與參照。在歷史的陰影中，我們看見政治語言如何墮落、資訊如何被武器化、制度如何被掏空、民意如何成為操控對象。當這些現象以變形的樣態滲入臺灣社會時，我們亟需提出問題：臺灣是否已經處於極權再現的前哨站？我們的社會是否具備足夠的制度韌性與社會免疫來抵擋這些危機？

一、語言的崩壞：仇恨正常化與情緒治理

　　近年來，臺灣公共言論空間中出現大量「去人化」與「敵我劃界」的語言：對特定族群、政治信仰或媒體的攻擊愈來愈常以「草」、「塔綠班」、「支那走狗」等稱呼進行，這種語言不再只是情緒發洩，而已轉化為動員手段與排他政治的資源。

譯後記　臺灣處境下的制度韌性與極權防線：歷史鏡像中思辨

在本書 12-2〈語言的墮落與仇恨的日常化〉中，我們看到仇恨語言如何透過「迷因化」、「幽默化」、「去責任化」等手法進入社會肌理。臺灣正面臨這樣的情境：媒體節目以挑釁與標籤為賣點，社群平臺則推送極端內容強化同溫層認知，形成「資訊極化」與「政治部落化」的現象。語言已不再維繫共識，而成為撕裂社會的刀鋒。

二、資訊戰與數位極權的前線

根據 12-3〈數位空間與新極權的資訊操控〉所揭示的現象，臺灣已經成為資訊戰的試驗場與主戰場。來自境外的假訊息不僅針對選舉，也對疫苗、能源、軍事、教育等重大議題進行長期滲透與分化。

臺灣社會的資訊韌性不足，平臺治理缺乏法律規範，媒體受眾習慣依賴即時與情緒性內容。演算法將注意力導向極端與反制理性聲音，使民主社會產生「形式開放但認知封閉」的現象——這正是新極權最有效的操作機制。

三、制度的邊界：民主侵蝕的預警信號

臺灣形式上具備完整的民主制度，包括自由選舉、新聞自由與獨立司法。然而，根據本書 12-4〈制度韌性的防線與社會免疫〉分析框架，若民主制度失去自我修復力，就可能滑向「選舉獨裁」與「民主背叛」的灰色地帶。

我們已觀察到以下幾項警訊：

◆ 國會表決制度失衡，逐漸朝向「多數壓倒少數」；
◆ 媒體寡占與政媒共生現象，降低資訊品質與監督力；
◆ 法院信任度波動，司法遭政黨干預指控頻現；
◆ 政策討論趨於「動員式問責」，而非審議式民主。

這些現象說明臺灣雖具民主形式，卻正面臨制度實質掏空的危機。

四、公民免疫力的挑戰與再建

本書提出「社會免疫力」概念，指出民主社會需透過媒體素養、歷史記憶與理性文化建立群體對極權技術的辨識力。在臺灣，我們的挑戰具體表現在：

◆ 媒體識讀教育薄弱：即便課綱納入，實踐面仍受限於師資與資源；
◆ 歷史記憶分裂：對二二八、白色恐怖與中國威脅的認知差異仍大；
◆ 公共理性退場：理性討論被情緒與網軍攻擊取代，論壇迅速降格；
◆ 行動參與倦怠：公民運動後繼乏力，倡議者被汙名化或消耗於政治邊緣。

譯後記　臺灣處境下的制度韌性與極權防線：歷史鏡像中思辨

若無自下而上的文化重建與教育強化，任何制度韌性都可能淪為空殼。

五、因應之道：從防線轉為文化再造

第一層：制度重構

- 設立「民主健康指數」年度監測機制，結合學界與公民社會觀察；
- 推動《數位平臺透明法》，要求演算法揭露、管制政治投放行為；
- 建立新聞倫理評鑑與公營媒體投資新標準，提升公共資訊品質。

第二層：文化防禦

- 全國推行「民主防衛課程」，從國小至高中強化民主倫理教育；
- 設立「記憶與公義博物館」類型場域，進行歷史與當代表述交織教學；
- 透過影視、劇場、文學與遊戲設計，讓「反極權」成為文化主流語言。

第三層：社群韌性再建

◆ 支持地方型公共論壇、跨界討論平臺，打破回音室與同溫層；
◆ 補助民間媒體、NGO 與公民記者組織，讓基層聲音有可見度與影響力；
◆ 強化青年參與與創新治理模組，如開放資料、公民審議平臺等。

在過去中看見未來

臺灣不是免疫於極權技術的特例，而是站在歷史與未來的交會口。拉瓦爾的妥協、奎斯林的盲信、佛朗哥的拖延與轉圜，無不提醒我們：制度本身不能保證自由，唯有持續的監督、反思與再建，才能讓民主成為一種韌性的實踐。

我們無法選擇是否生活在風暴前夕，但我們可以決定，是否要讓自己成為歷史中站立的人。

—— 寫於選舉與輿論激盪之時。

譯後記　臺灣處境下的制度韌性與極權防線：歷史鏡像中思辨

附錄

重要名詞解釋表（中英對照）

政治體系與意識形態 | Political Systems & Ideologies

中文名詞	英文對應	解釋
法西斯主義	Fascism	一種極端民族主義與威權政治思想，強調國家至上、領袖崇拜、反民主與軍事化。
極權主義	Totalitarianism	國家全面控制政治、經濟、文化與私人生活的政體。
威權主義	Authoritarianism	權力集中於單一領袖或菁英集團，但不全面控制社會。
民主侵蝕	Democratic Backsliding	民主制度在表面存續下逐漸遭到削弱與操控。
選舉獨裁	Electoral Autocracy	透過選舉合法性掩蓋實際獨裁本質的體制。

組織與政黨 | Parties & Organizations

中文名詞	英文對應	解釋
長槍黨	Falange	西班牙法西斯政黨,成立於 1933 年,納入佛朗哥政權。
國家統一黨	Nasjonal Samling	奧斯陸親德法西斯政黨,由奎斯林領導,1940 年起執政。
納粹黨	Nazi Party (NSDAP)	德國國家社會主義工人黨,希特勒領導之第三帝國執政黨。
維琪政權	Vichy Regime	二戰時期納粹扶植的法國南部親德政府。

歷史與記憶政治 | Historical Narrative & Memory Politics

中文名詞	英文對應	解釋
記憶政治	Politics of Memory	國家或群體透過選擇性記憶建構政治正當性。
歷史清算	Historical Reckoning	對過去極權或合作行為進行追責與揭露的過程。
轉型正義	Transitional Justice	民主轉型時對不義行為的法律與象徵性修復機制。
遺忘協議	Pact of Forgetting	為社會穩定而選擇不追究過去獨裁責任的政治默契(如西班牙 1970 年代)。

當代表現與數位政治 | Contemporary Authoritarian Techniques

中文名詞	英文對應	解釋
仇恨語言	Hate Speech	羞辱、去人化特定族群與信仰者的言論形式,具政治動員效應。
假訊息／資訊戰	Disinformation / Information Warfare	散布虛假或操弄性資訊以干預輿論與選舉的手法。
演算法操控	Algorithmic Manipulation	利用平臺推薦機制操縱公眾認知與資訊接受。
社會免疫力	Civic Immunity	公民社會辨識假訊息與抵抗極端主義的能力。
制度韌性	Institutional Resilience	民主制度在面對衝擊時仍能維持與修復其機能的能力。

歷史年代表(1914～1945)

年分	關鍵事件
1914	第一次世界大戰爆發(塞拉耶佛事件);歐洲列強進入總體戰階段
1917	俄國十月革命;布爾什維克掌權;美國參戰
1918	德國戰敗;威廉二世退位;一戰結束
1919	凡爾賽條約簽訂;德國承擔戰爭賠款與領土損失;國際聯盟成立
1922	墨索里尼發動「向羅馬進軍」;義大利法西斯政權建立
1923	希特勒發動啤酒館政變失敗;被捕與撰寫《我的奮鬥》
1929	世界經濟大蕭條開始;民主制度普遍遭遇危機

附錄

年分	關鍵事件
1933	希特勒出任德國總理；國會縱火案後建立納粹專政；達豪集中營啟用
1936	西班牙內戰爆發；佛朗哥領導國民軍對抗共和政府
1938	德奧合併；慕尼黑協定簽署，西方容忍希特勒吞併捷克蘇臺德地區
1939	德國入侵波蘭；第二次世界大戰爆發；蘇德簽訂互不侵犯條約
1940	德軍閃擊法國；維琪政府成立；奎斯林政權受納粹支持掌控挪威
1941	德國入侵蘇聯（巴巴羅薩行動）；珍珠港事件，美國正式參戰
1942	納粹「最終解決方案」會議；猶太人大屠殺進入組織化與工業化階段
1943	義大利墨索里尼下臺；德軍占領義大利北部；盟軍登陸西西里
1944	諾曼第登陸；巴黎解放；維琪政權崩潰；拉瓦爾流亡至德國後被捕
1945	納粹德國無條件投降；希特勒自殺；拉瓦爾與奎斯林遭審判並處決

人物索引（依姓氏字母排序）

中文姓名	英文姓名	簡介
夏爾・戴高樂	Charles De Gaulle	法國將軍與自由法國領袖，戰後主導第四共和成立，強調共和與抵抗精神。
法蘭西斯科・佛朗哥	Francisco Franco	西班牙將領，1939年建立佛朗哥政權，獨裁統治至1975年，自稱「國家救星」。
阿道夫・希特勒	Adolf Hitler	納粹德國元首，推動極端種族主義與擴張主義，主導二戰與猶太人大屠殺。
皮耶・拉瓦爾	Pierre Laval	法國政治人物，維琪政權首相，主張與納粹合作，戰後被捕並遭處決。
貝尼托・墨索里尼	Benito Mussolini	義大利法西斯黨領袖，建立首個現代極權政權，後被盟軍推翻處決。
維德孔・奎斯林	Vidkun Quisling	挪威軍官與政治人物，成立親德傀儡政府，戰後審判處決，名字成為「叛國者」代名詞。

附錄

地名索引（依國別分類）

國家	城市	簡介
法國	巴黎（Paris）	法國首都，維琪政府成立初期失守，1944 年被自由法國軍解放。
	維琪（Vichy）	維琪政權所在地，象徵與納粹合作的象徵性地點。
	里昂（Lyon）	法國南部重鎮，抵抗運動活躍，亦有納粹與蓋世太保據點。
西班牙	馬德里（Madrid）	首都，西班牙內戰時為共和派首都，後被佛朗哥軍攻陷。
	巴塞隆納（Barcelona）	加泰隆尼亞首府，內戰時為共和派據點，文化自由象徵。
挪威	奧斯陸（Oslo）	首都，1940 年德軍進入後成為奎斯林政府總部所在地。
	阿克斯胡斯堡（Akershus Fortress）	奎斯林被審判與處決地點。
德國	柏林（Berlin）	納粹政權首都，二戰結束時被蘇軍攻陷。
	達豪（Dachau）	第一座納粹集中營所在地。
義大利	羅馬（Rome）	墨索里尼發動「向羅馬進軍」後建立法西斯政權首都。
	米蘭（Milan）	墨索里尼最後被處決並倒吊示眾之地。

國家圖書館出版品預行編目資料

極權歷史的三張面具：拉瓦爾、奎斯林與佛朗哥的選擇與審判，極權記憶中的現代鏡像 / [德] 馬庫斯・里德爾（Marcus D. Riedel）著，李思遠 譯 . -- 第一版 . -- 臺北市：崧燁文化事業有限公司 , 2025.06
面 ； 公分
POD 版
譯　自：Die drei Masken der totalitären Geschichte
ISBN 978-626-416-629-4(平裝)
1.CST: 極權政治 2.CST: 歷史 3.CST: 人物志
571.76　　　　　　　114007125

電子書購買

爽讀 APP

極權歷史的三張面具：拉瓦爾、奎斯林與佛朗哥的選擇與審判，極權記憶中的現代鏡像

臉書

作　　者：[德] 馬庫斯・里德爾（Marcus D. Riedel）
譯　　者：李思遠
發 行 人：黃振庭
出 版 者：崧燁文化事業有限公司
發 行 者：崧燁文化事業有限公司
E - m a i l：sonbookservice@gmail.com
粉 絲 頁：https://www.facebook.com/sonbookss
網　　址：https://sonbook.net/
地　　址：台北市中正區重慶南路一段 61 號 8 樓
8F., No.61, Sec. 1, Chongqing S. Rd., Zhongzheng Dist., Taipei City 100, Taiwan
電　　話：(02) 2370-3310　　傳　　真：(02) 2388-1990
印　　刷：京峯數位服務有限公司
律師顧問：廣華律師事務所 張珮琦律師

-版權聲明
　　本書作者使用 AI 協作，若有其他相關權利及授權需求請與本公司聯繫。
　　未經書面許可，不可複製、發行。
定　　價：395 元
發行日期：2025 年 06 月第一版
◎本書以 POD 印製
Design Assets from Freepik.com